AF608950

KLEINE ÄGYPTISCHE TEXTE

HERAUSGEGEBEN VON WOLFGANG HELCK

DER TEXT DES

„NILHYMNUS"

1972

OTTO HARRASSOWITZ · WIESBADEN

DER TEXT DES „NILHYMNUS"

ZUSAMMENGESTELLT

VON

WOLFGANG HELCK

1972

OTTO HARRASSOWITZ · WIESBADEN

Gesamtherstellung: Customized Business Services GmbH
on behalf of KNV Zeitfracht
Printed in Germany

ISBN 978-3-447-01381-9

Textzeugnisse des Nilhymnus

Ch.B.: Chester Beatty Pap. V, publ. durch Gardiner, Hieratic Papyri, 3d Series II pl.23/4 (Umschrift)

S. II: Papyrus Sallier II, publ. durch Hawkins, Select Papyri pl. 20/23 (Durchzeichnung)

An.VII: Papyrus Anastasi VII, publ. durch Hawkins, Select Papyri pl. 134/9 (Durchzeichnung)

Gol. : Ostrakon Golenischeff Nr. 4470, publ. durch Maspero, Hymne au Nil (Bibl.d'Etude V) p. 18/20 (Umschrift ohne Rücksicht auf Zeichenstellung)

Tur. : Turiner Papyrus, teilweise publ. durch Grapow, ÄZ 52, 103; hier nach Photo Turin.

Louv. : Schreibtafel Louvre 693 rto 3-7, publ. durch Piankoff, RdE 1, 58/9 (Photo und Umschrift)

Ashm. : Schreibtafel im Ashmolean Mus., Oxford, unpubliz., hier nach eigener Abschr. der Vorderseite (auf der Rückseite ist der gleiche Text)

Wils. : Ostrakon Wilson, publ. durch Wilson, Mélanges Maspero I 904/5 (Umschrift)

R 90, R 92 : Spiegelberg, Ostraca of the Ramesseum pl. X (Durchzeichnung und Umschrift)

DeM 1024 : Ostrakon Deir el-Medineh Nr. 1024, publ. durch Posener, Ostraca hiératiques littéraires de Deir el Médineh pl. 15 (Photo)

DeM 1027 : Posener, a.a.O. pl. 16 (Photo)
DeM 1034 : Posener, a.a.O. pl. 19 (Durchzeichnung)
DeM 1050 : Posener, a.a.O. pl. 28 (Durchzeichnung) und pl. 55 (Umschrift des Fragm. Turin 6805)
DeM 1051 : Posener, a.a.O. pl. 29 (Durchzeichnung)
DeM 1052 : Posener, a.a.O. pl. 29 (Durchzeichnung und pl. 56 (Umschrift mit neuem Fragment)
DeM 1053 : Posener, a.a.O. pl. 29 (Durchzeichnung)
DeM 1094 : Posener, a.a.O. pl. 50 (Photo)
DeM 1176 : Posener, a.a.O. II pl. 27/30 (Photo)
DeM 1190 : Posener, a.a.O. II pl. 37 (Durchzeichnung)
DeM 1191 : Posener, a.a.O. II pl. 38 (Photo)
DeM 1192 : Posener, a.a.O. II pl. 39 (Photo)
DeM 1193 : Posener, a.a.O. II pl. 39 (Photo)

GČ 94,3 : Gardiner-Černý, Hieratic Ostraca pl. 94 Nr. 3 (Umschrift)

GČ 113,4 : Gardiner-Černý, a.a.O. pl.113 Nr.4 (Umschrift)

M 30 : Goedicke- Wente, Ostraka Michaelides pl.30 Nr. 66 (Durchzeichnung und Umschrift)

Von den bei E.Bacchi, L'inno al Nilo p.2 erwähnten Turiner Ostraka 6979, 6960 (Reste des Anfangs), 6356 (: Sall. II 13,1/6) und 6805 (publ. von Posener zusammen mit DeM 1050) fand sich nach einer Mitteilung von Prof. S.Curto vom 21. 1.69 jetzt keine Spur mehr, auch nicht Photos und Kopien , so daß sie als verloren angesehen werden müssen.
Herrn Prof. S. Curto habe ich sehr herzlich für die mir gegebene Erlaubnis zu danken, den Papyrus aus Turin in meine Aufstellung einbeziehen zu können.

Übersicht:

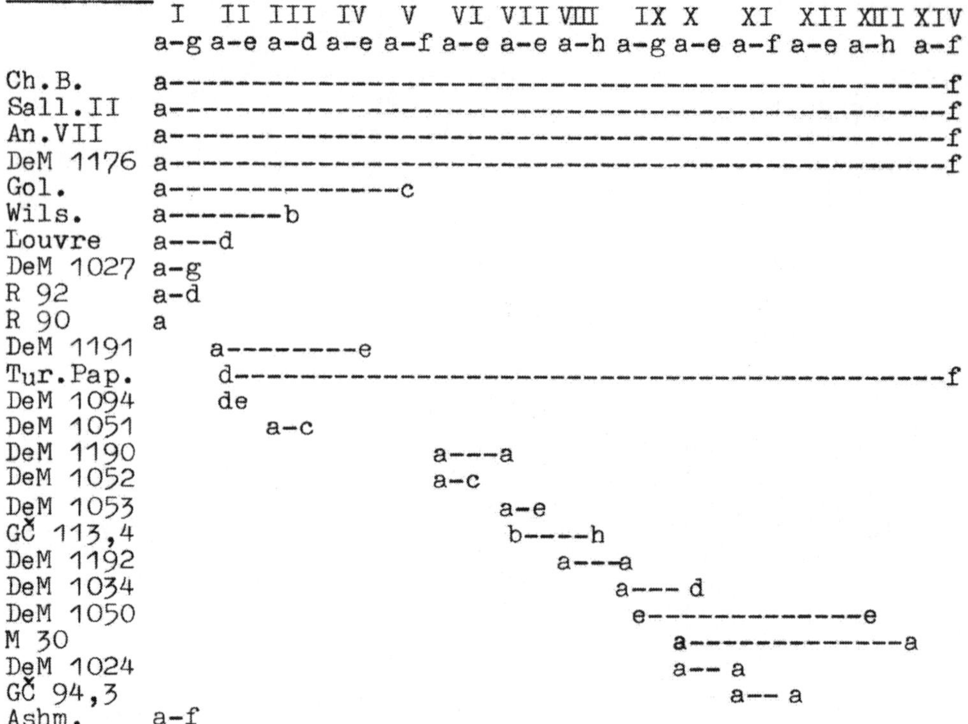

```
          I  II  III IV   V  VI  VII VIII IX  X   XI  XII XIII XIV
         a-g a-e a-d a-e a-f a-e a-e a-h a-g a-e a-f a-e a-h a-f
Ch.B.    a-----------------------------------------------------f
Sall.II  a-----------------------------------------------------f
An.VII   a-----------------------------------------------------f
DeM 1176 a-----------------------------------------------------f
Gol.     a----------------c
Wils.    a--------b
Louvre   a---d
DeM 1027 a-g
R 92     a-d
R 90     a
DeM 1191     a---------e
Tur.Pap.     d-------------------------------------------------f
DeM 1094     de
DeM 1051         a-c
DeM 1190                     a---a
DeM 1052                     a-c
DeM 1053                         a-e
GČ 113,4                         b-----h
DeM 1192                             a---a
DeM 1034                                 a--- d
DeM 1050                                 e----------------e
M 30                                         a---------------a
DeM 1024                                     a-- a
GČ 94,3                                          a-- a
Ashm.    a-f
```

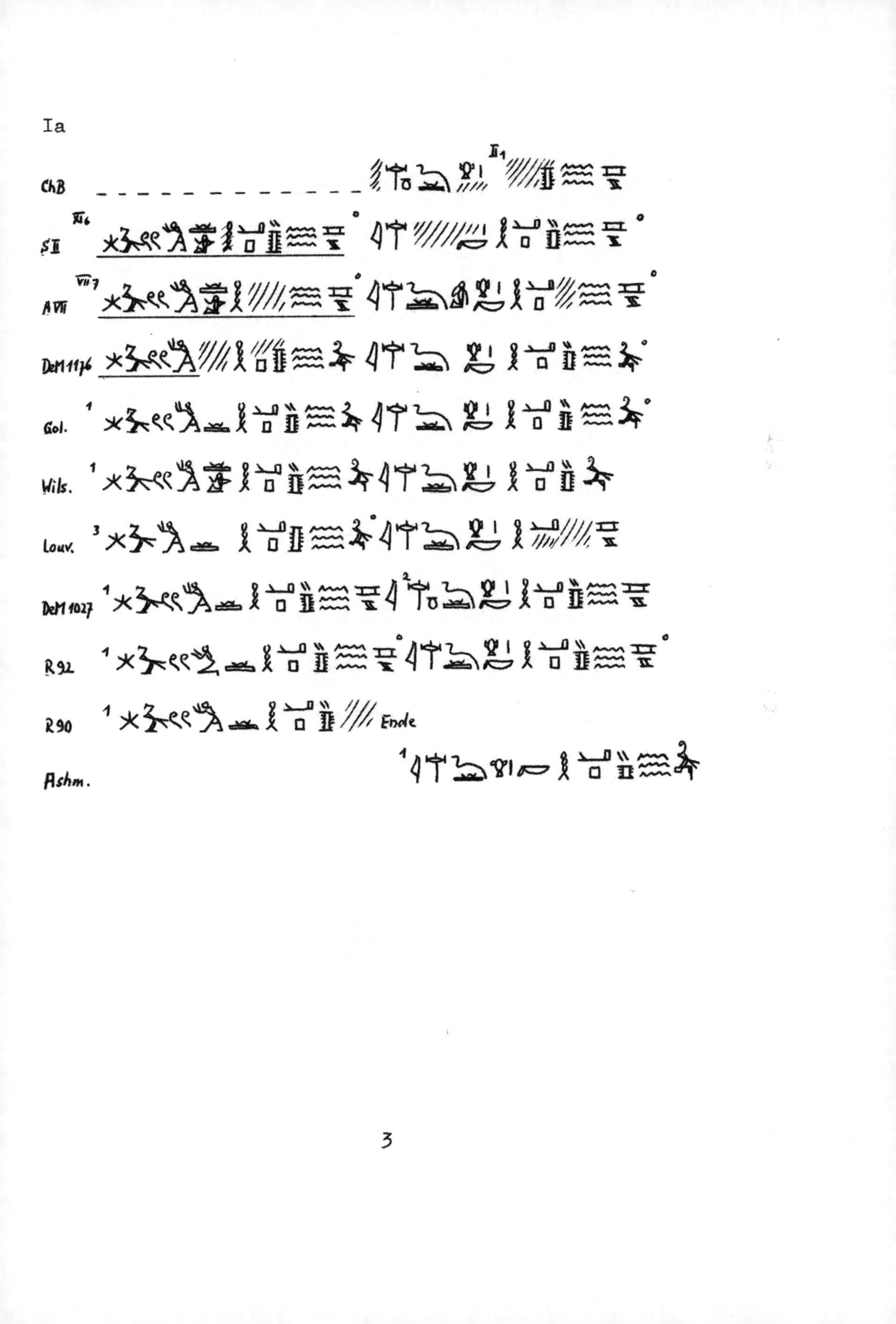

Ia

ChB ---------------- II 1

S II XI 6

A VII VII 7

DeM 1176

Gol. 1

Wils. 1

Louv. 3

DeM 1027 1 2

R 92 1

R 90 1 Ende

Ashm. 1

Ib

Ch.B.

S.II

A.VII

DeM 1176

Gol.

Wils.

Louv.

DeM 1027

R92

Ashm.

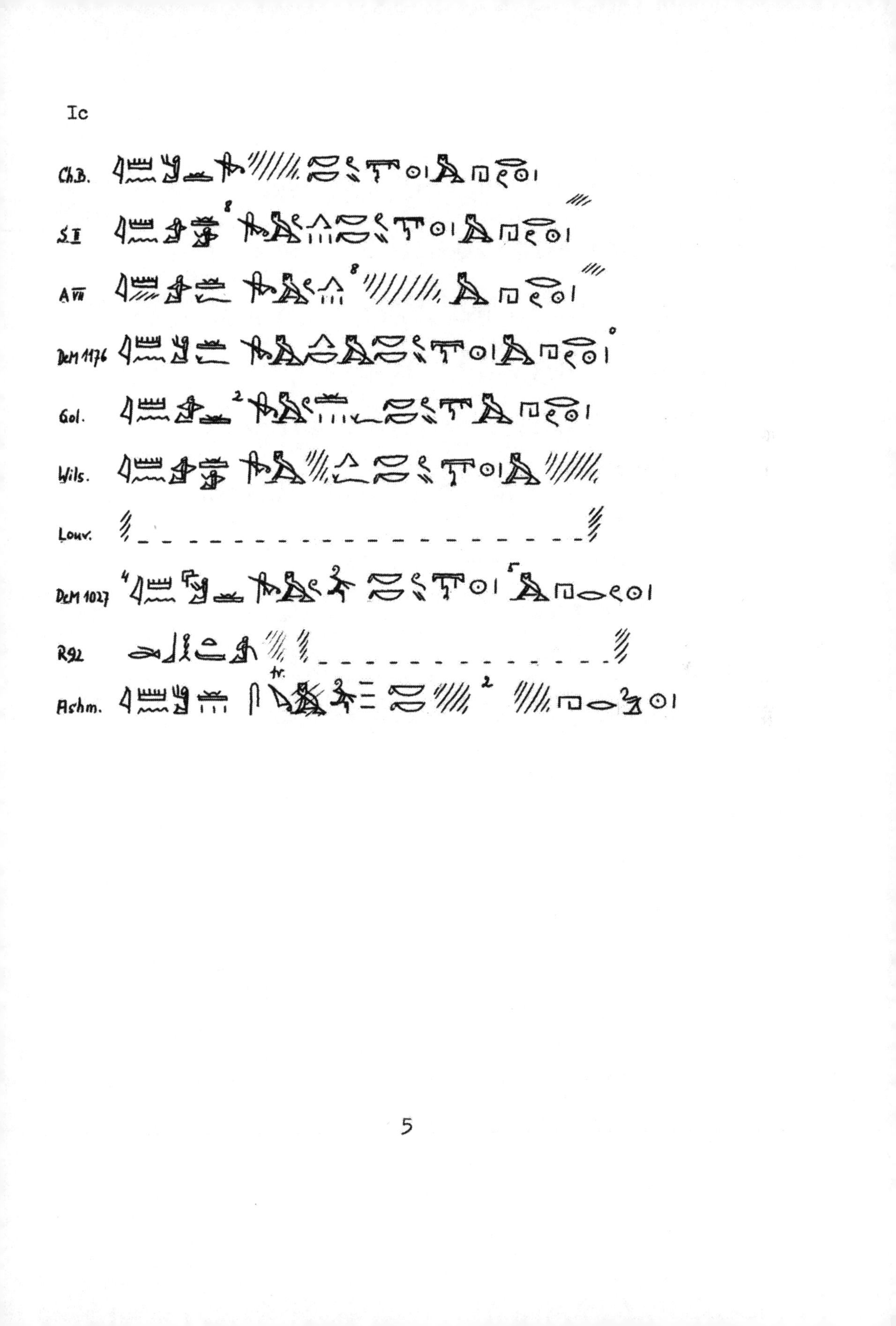

Ic

Ch.B.

S.II

A VII

DeM 1176

Gol.

Wils.

Louv.

DeM 1027

R92

Ashm.

Id

Ch.B.

S.II

A VII

DeM 1176

Gol.

Wils.

Louv.

DeM 1027

R 92 ... Ende

Ashm.

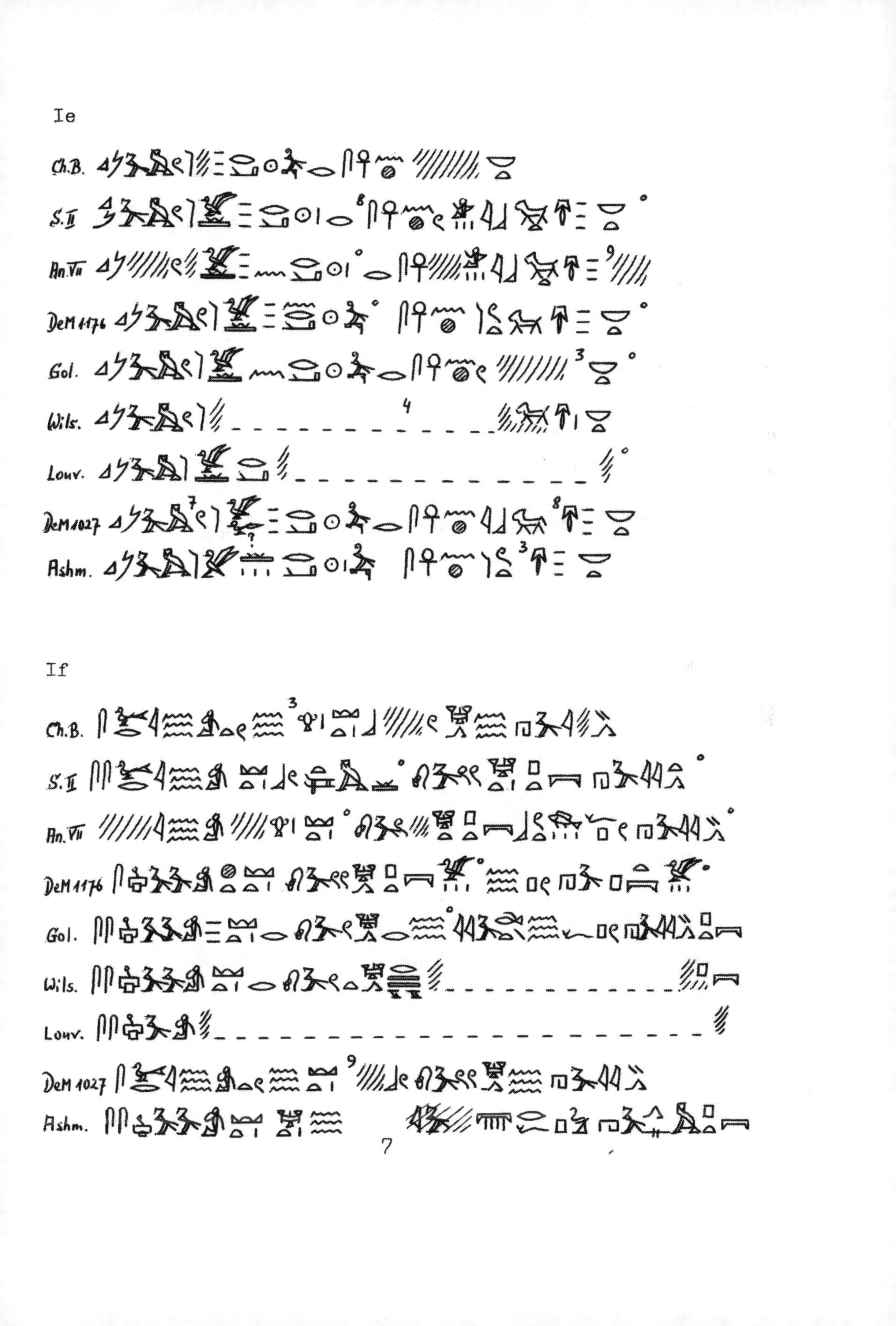

Ie

Ch.B.

S.II

An.VII

DeM 1176

Gol.

Wils.

Louv.

DeM 1027

Ashm.

If

Ch.B.

S.II

An.VII

DeM 1176

Gol.

Wils.

Louv.

DeM 1027

Ashm.

Ig

Ch.B.

S.II

An.VII

DeM 1176

Gol.

Wils.

Louv.

DeM 1027 ... sic ... Ende

Ashm. : Ende

Gol. am Satzende:

DeM 1027 am Ende:

Ashm. am Ende:

1.Abschnitt

Zum Text:

b. DeM 1027 hat den besten Text, wie sich dadurch zeigt, daß er [hieroglyphs] schreibt; mit ihm geht Pap. Chester Beatty zusammen.

c. R 92 zeigt einen von allen anderen Zeugen abweichenden Text, der vielleicht auf eine Fehlerinnerung des Schreibers zurückgeht. Lies šśmw ohne Possessiv-Suffix.

d. Die erste Halbzeile ist verderbt. Auszugehen ist vom besten Text DeM 1027, aus dem sich ergibt, daß einmal am Ende der Halbzeile šmᶜ gestanden haben muß, was in den meisten Fällen (Chester Beatty, DeM 1176, Gol., R 92) - außer in Wils. - zu šmśj verlesen worden ist auf Grund der bekannten Ähnlichkeit der hieratischen Zeichenform. Während aber nun Wils. den verständlichen Satz "Es sangen für ihn die Sänger(innen)" hat, zeigt DeM 1027 durch das Mitschleppen eines unerklärlichen [hieroglyphs], daß dieser Satz bei Wils. nur sekundär verständlich gemacht sein kann. Daß er dann erneut in DeM 1176 und Gol. durch die Fehllesung šmśj statt šmᶜ verunklärt worden ist, ist eine Entwicklung, die nichts über den ursprünglich beabsichtigten Sinn aussagt. Das [hieroglyphs] bei DeM 1027 hat auch Chester Beatty und zu [hieroglyphs] bzw. [hieroglyphs] verändert Sall.II und An.VII. Es liegt dabei sicher allen diesen Schreibungen das alte Determinativ des Wortes ḥś3 : "Schleim" zugrunde: [hieroglyphs] , das im Urtext gestanden haben muß und das bereits in allen unseren Texten verderbt ist, da man ḥś3 als das bekanntere ḥśj "singen" mißverstand, beeinflußt durch die Veränderung von šmᶜw "Oberägypten" zu šmᶜw "Sänger". Daß šmᶜw "Oberägypten" ursprünglich ist, ergibt sich aus der Parallele in der zweiten Halbzeile zu š3 "Marschland", was letztlich An.VII wieder zu š3j "bestimmen" mißverstanden hat. Wils. hat eine singuläre Verderbnis (ḫft).

e. [hieroglyph] vor Rʿ in DeM 1176 und Gol. ist nach DeM 1027 sekundär. DeM 1027 und auch die dazugehörige Textgruppe Chester Beatty, Sall. II und Anast. VII lesen [hieroglyphs], während die andere Gruppe (DeM 1176, Gol., Wils., Louvre)- allerdings nur noch in DeM 1176 erhalten - [hieroglyphs] hat, eine deutlich sekundäre Veränderung auf Grund einer älteren Schreibung für ibw "Böckchen". Diese ist aber auch nicht ursprünglich, sondern muß zu [hieroglyphs] "Durstiger " emendiert werden.

f. Auch in dieser Zeile stehen sich die beiden eben genannten Textgruppen gegenüber. Obwohl bisher die Gruppe DeM 1027, Sall.II und An.VII bei Textvarianten den ursprünglicheren Text gegeben hat, scheint hier die Gegengruppe mit śšꜣj gegenüber dem (üblicheren) Wort śwj "trinken" den älteren Text zu zeigen; Chester Beatty, DeM 1027 sowie An.VII (aber nicht Sall.II!) wurden durch die Wortänderung auch noch zu einer weitergehenden Textveränderung gezwungen: aus "der die Wüste sättigt" wurde damit "man trinkt Wasser auf der Wüste".

In die zweite Hälfte des Satzes ist eine Glosse eingedrungen: das in DeM 1027 erhaltene ursprüngliche bw-wꜣꜣ hꜣjj hatte man durch jꜣd.t-p.t pw "Das ist der Himmelstau" erklärt. Beim Eindringen dieser Erklärung in den Text in Sall.II, An.VII, DeM 1176, Gol. und Wils. (also in Texten beider Gruppen!) entstanden verschiedene neue Satzbildungen und auch Umdeutungen, wie etwa in An. VII bw.t "Ekel" aus jꜣd.t "Tau".

Das bw in bw-wꜣꜣ, ein altes Abstraktpräfix, ist später nicht mehr verstanden worden; es wurde entweder ausgeschieden oder in Sall.II als Negativwort mißverstanden und zu bw-tm geändert.

g. Es ist sicher mit DeM 1027 und Chester Beatty mrj.tj "Geliebter" zu lesen. - Die Veränderung von Npj zu nptj ist eine Schreiberunart (wegen ptj "sehen"). - Mit der Textgruppe DeM 1027, Chester Beatty, Sall.II und An.VII ist ḥm.t "Werkstatt" mit zu determinieren gegenüber dem der anderen Textgruppe.

Wahrscheinlicher Urtext:

Übersetzung:

Den Nil verehren.

Heil dir, Nil, der du aus der Erde kommst und wiederkehrst, um Ägypten zu beleben; verborgen an Wesen, eine Finsternis selbst am Tage; Schleim Oberägyptens, der die Sümpfe bewässert; Schöpfung des Re zur Belebung jedes Dürstenden; der die Wüste sättigt, sobald das Ferne[a)] herabgekommen ist.- Geliebter des Geb, Leiter des Korngottes, der die Werkstatt des Ptah reichlich versieht[b)]"

a) Glosse "Das ist der Himmelstau".

b) Dies bezieht sich wohl auf den vom Nil gebrachten Flußschlamm, aus dem in der Werkstatt des Ptah Gefäße hergestellt wurden (vgl. Sandman-Holmberg, The God Ptah p. 47).

IIa

Ch.B.

S.II

A VII

DeM 1176

Gol.

Wils.

Louv. [6]

DeM 1191 [1] [2]

IIb

Ch.B.

S.II [10]

A VII

DeM 1176

Gol.

Wils. [7]

Louv.

DeM 1191 [3]

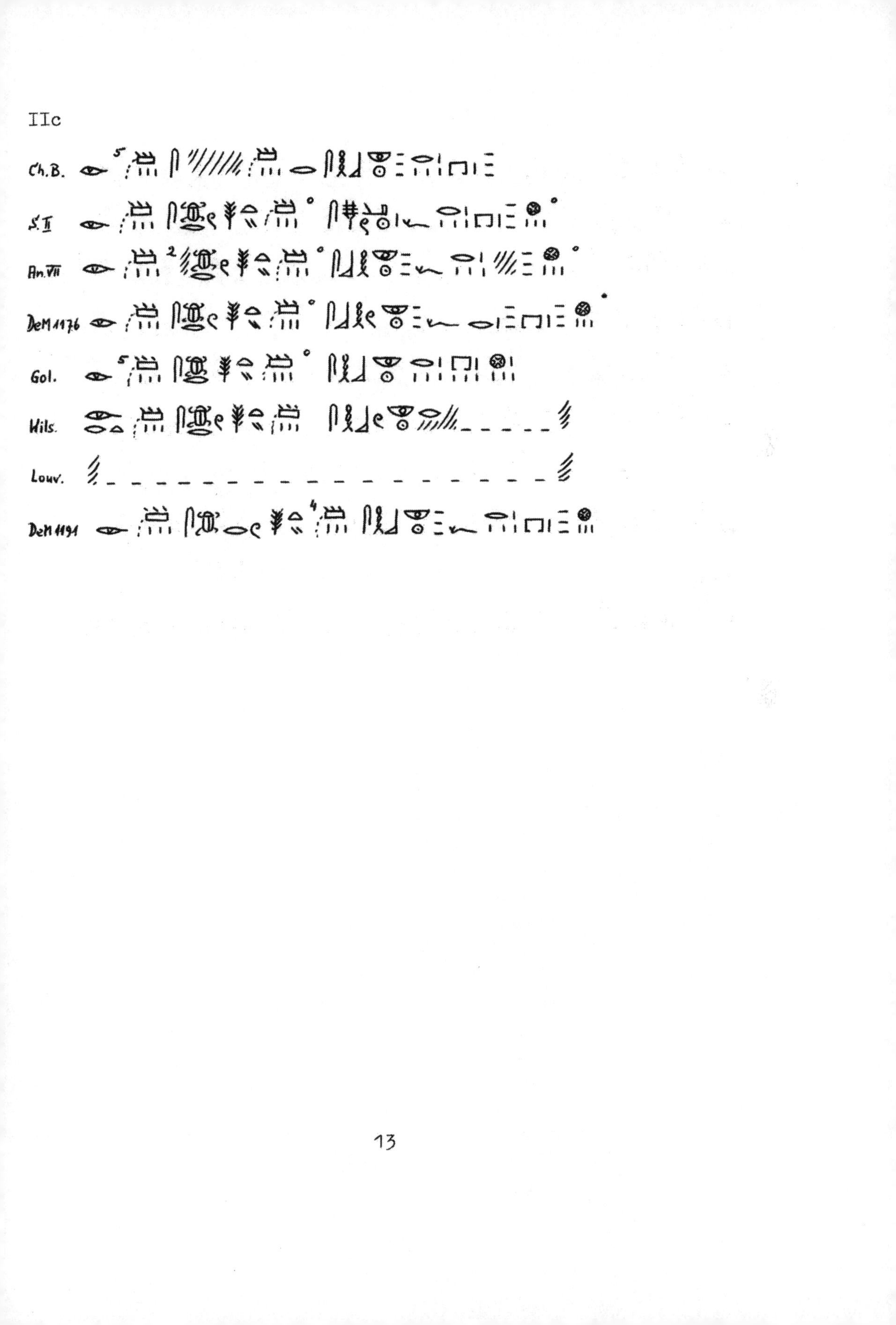

IIc

Ch.B.

S.II

An.VII

DeM 1176

Gol.

Wils.

Louv.

DeM 1191

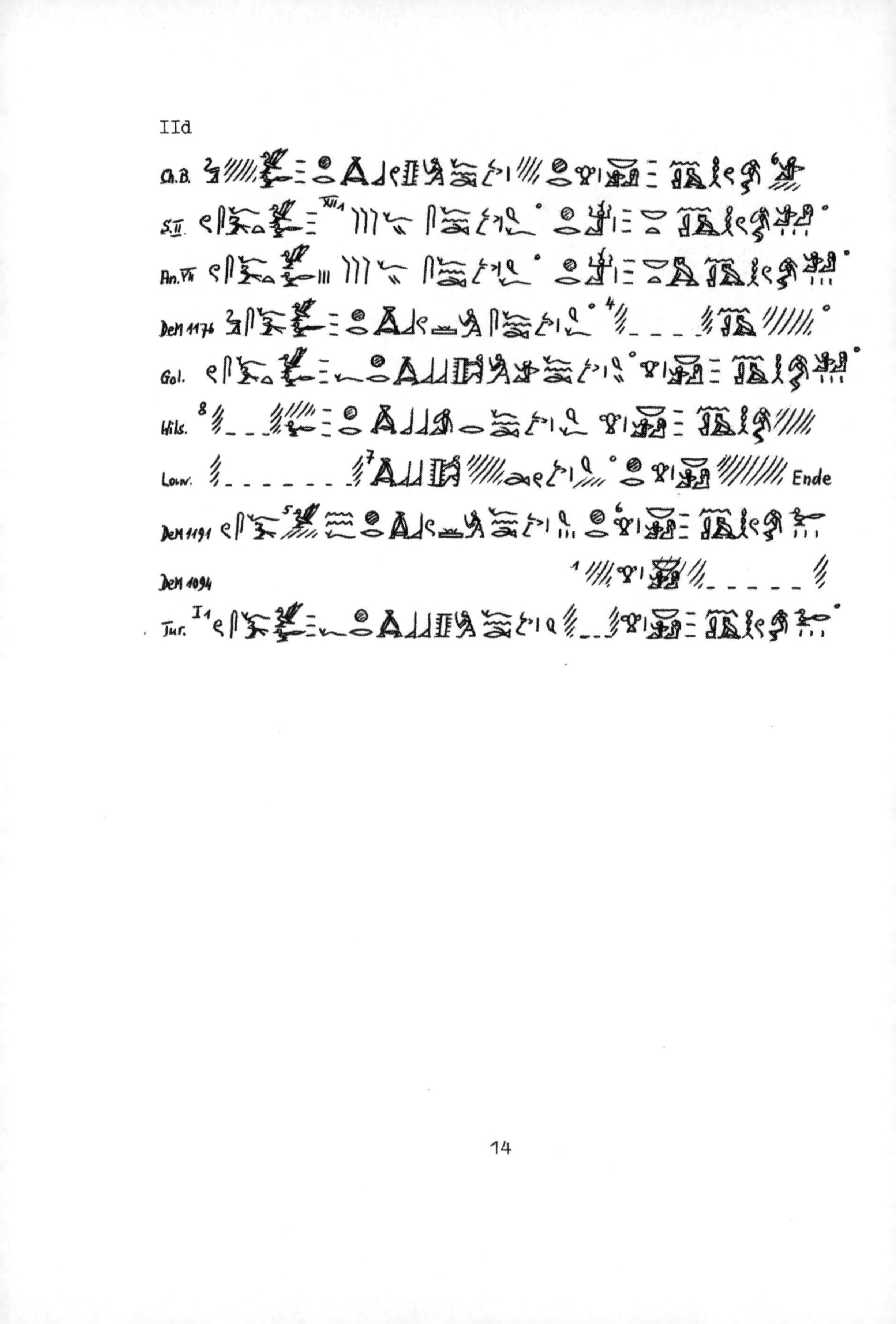

IId

Ch.B.

S.II.

An.VII

DeM 1176

Gol.

Wils.

Louv. Ende

DeM 1191

DeM 1094

Tur.

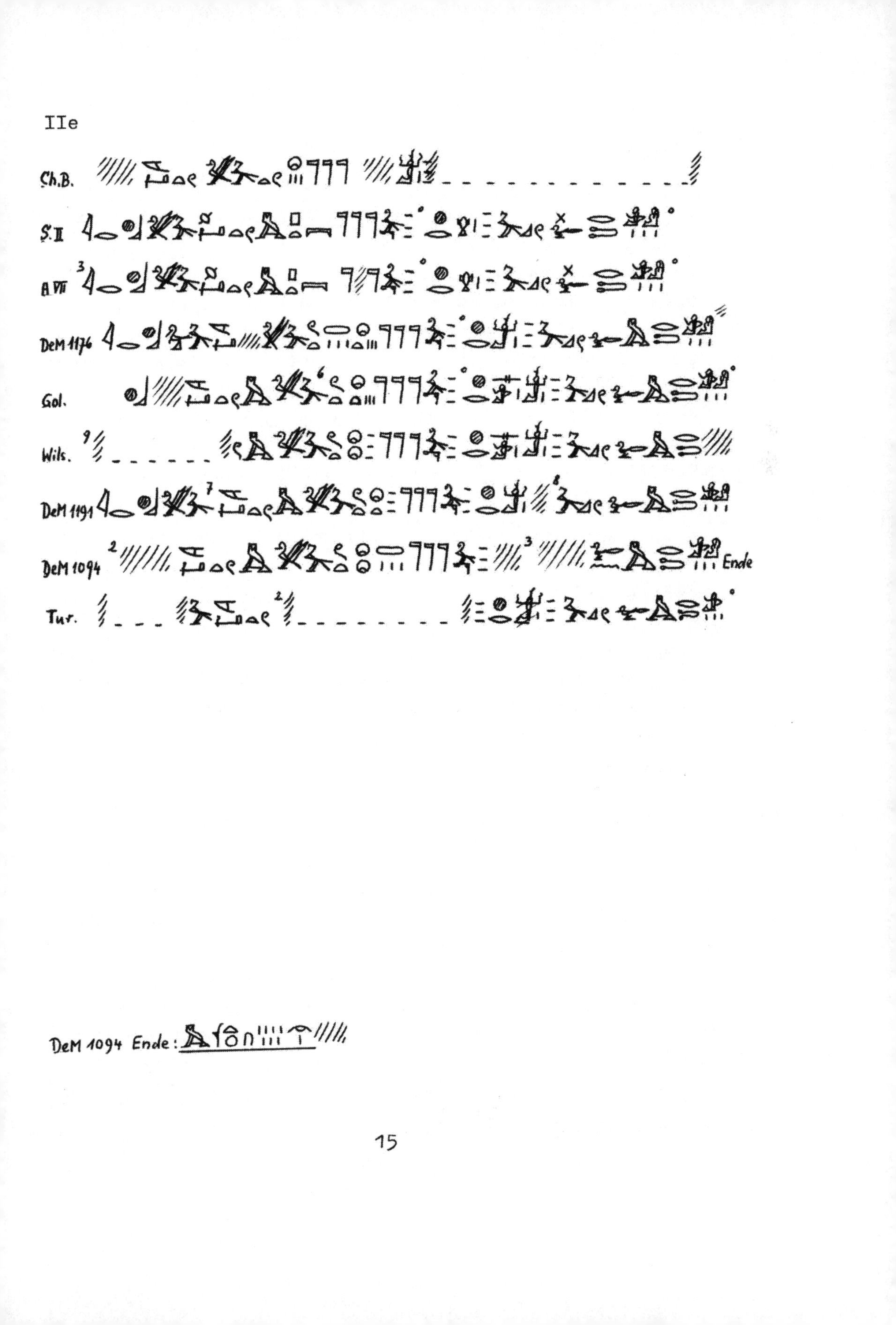

IIe

Ch.B.

S.II

A.VII [3]

DeM 1176

Gol. [6]

Wils. [9]

DeM 1191 [7] [8]

DeM 1094 [2] [3] Ende

Tur. [2]

DeM 1094 Ende:

2. Abschnitt

Zum Text:

a. In Gol. ist die verbale Form śḫntj.k statt des Partizips sekundär.

b. Das letzte Wort dieser Zeile hat ursprünglich 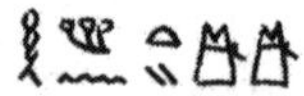 "Frist" gelautet; die beiden Determinative sind verschieden verlesen worden, so zu und/bzw. . Gol. hat ꜣpd im Singular sowie ḥr ḥntj, worin ich den Rest eines  "außerhalb der Frist" sehen möchte, wie der Urtext gelautet haben dürfte. Überall sonst ist das ḥrw (das auch in Gol. schon verkümmert ist) ausgefallen.

c. śʿḥʿ in Sall.II statt śḫb ist Erinnerungsfehler.

d. Auch hier dürfen wir wohl Gol. folgen, wenn dieser Text wśf.f gegen alle anderen Texte schreibt, mit Tur.
In Sall.II und An.VII ist ḏꜣb wegen des Gleichklangs der Worte (ⲧⲱⲱⲃⲉ) mit ḏbʿ "Finger" verwechselt worden.- Das "ś" vor fnḏ "Nase" in DeM 1176, Sall.II und An. VII ist dadurch hinzugetreten, weil man  "elend sein" wegen des Determinativs der "Nase" auch "śfnd" geschrieben hat. Durch diese Gedankenverbindung dürfte auch das "f" in DeM 1176, Sall.II und An.VII an das nun als Verb śf aufgefaßte Wort getreten sein.

e. p.t in Sall.II und An.VII anstelle pꜣw.t ist Verhören, ebenso wie in den gleichen Texten ḥḥ zu ḥr (ϩⲉ) wurde. Die Zufügung von s "Mann" vor ḥḥ in Gol. und Wils. mag sekundäre Verdeutlichung sein. - Gol. leitet den Satz, entgegen DeM 1191, DeM 1176, Sall.II und An.VII (Anfang ist in Chester Beatty und Wils. verloren) nicht mit der Partikel des Bedingungssatzes jr ein; da Gol. jedoch in den vorausgehenden Sätzen, oft als einzige Quelle, den besten Text erhalten hat, möchte ich das auch hier annehmen, trotz des Zitats in der Mendesstele (Urk.II 44, 8/9; vgl. Seibert, Charakteristik 100 n.102): 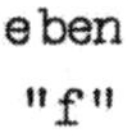 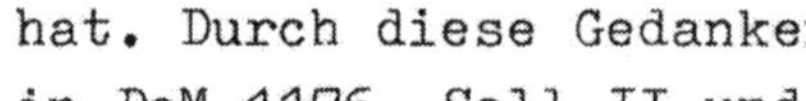 .

Wahrscheinlicher Urtext:

Übersetzung:

"Herr der Fische, der die Zugvögel[a)] nach Süden ziehen läßt, ohne daß es einen Vogel gibt, der außerhalb der Frist herabfliegt. Der Gerste schafft und Emmer entstehen läßt und die Tempel festlich ausstattet. Wenn er ausbleibt, so wird die Nase verstopft[b)] und jedermann ist arm. Man schmälert die Opfer der Götter und so kommen Unzählige um unter den Menschen[c)]".

a. Zu den Zugvögeln vgl. Edel, Weltkammer 105 ff., der ohne die hier vorliegende Stelle anzuführen deutlich auseinandersetzt, daß die Zugvögel aus dem himmlichen qbḥw im Norden kommen. Die Vogelbezeichnung qbḥw, im Wb V 30, 8 mit "Wasservögel" übersetzt, dürfte demnach richtiger "Zugvögel" bedeuten.

b. Der Lebensatem findet keinen Einlaß mehr.

c. Zu ḫr vgl. Gardiner, Grammar § 239. Anscheinend soll in diesem Satz ein ursächlicher Zusammenhang zwischen dem Vermindern der Opfer und dem daraus resultierenden Wegsterben der Menschen festgestellt werden.

IIIa

Ch.B.

S.II

An.VII

DeM 1176

Gol.

Wils.

DeM 1191

Tur.

DeM 1051

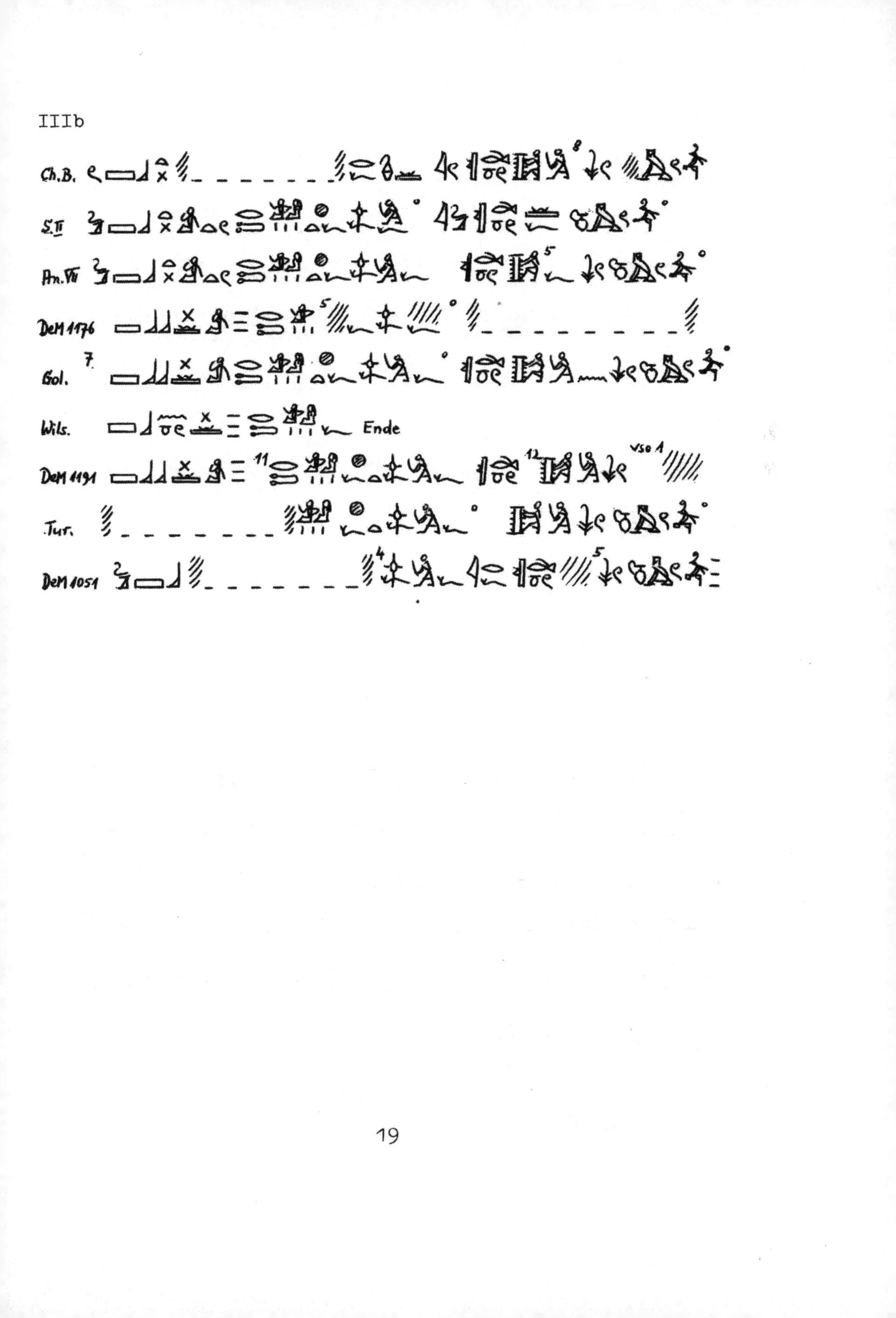

IIIb

Ch.B.

S.II

An.VII

DeM 1176

Gol.

Wils. Ende

DeM 1191

Tur.

DeM 1051

IIIc

Ch.B.

S.II

An.VII

DeM 1176

Gol.

DeM 1191

Tur.

DeM 1051 Ende

IIId

Ch.B.

S.II

An.VII

DeM 1176

Gol.

DeM 1191

Tur.

3. Abschnitt

Zum Text:

a. Der Wortlaut dieses Satzes ist in allen erhaltenen Quellen verderbt. Am Anfang ist jrw ᶜwn (mit Chester Beatty, Sall.II, DeM 1176, DeM 1191, DeM 1051) zu lesen; das in Gol., Wils., und An. VII hinzugetretene jb ist durch den häufigen Ausdruck ᶜwn-jb "habgierig" hervorgerufen. Aus DeM 1191, 1176 und Tur. ist [Hieroglyphen] "bis zu" zu erschließen; [Hieroglyphe] ist überall ausgefallen, "r" teilweise zu "n" geworden. nšn in Gol. ist Fehllesung aus einer M.R. Vorlage, in der [Hieroglyphe] : [Hieroglyphe] geschrieben war, wie das beibehaltene [Hieroglyphe] zeigt. Daraus folgt die Emendierung in [Hieroglyphen] anstelle des tꜣ r d̲r.f.
Im zweiten Teil der Zeile ist in DeM 1191 wrw-šrjw verhört worden zu wršw. Das Determinativ [Hieroglyphe] bei nmj wurde in seiner hieratischen Form mehrfach mißverstanden; das Wortdeterminativ [Hieroglyphe] dieses Verbs blieb nur in DeM 1051 erhalten.

b. Es zeigen sich hier wieder zwei Gruppen von Texten: Chester Beatty, Sall.II, An.VII, DeM 1051 (mit wšb) gegen DeM 1176, Gol., Wils., DeM 1191 (šbb - bei Wils. šbnw). Des Sinnes wegen erscheint šbb ursprünglicher, das dann in das bekanntere wšb umgedeutet worden ist.
In der zweiten Zeilenhälfte ist eher mit Gol. qd.n gegenüber qd in Chester Beatty, Sall.II, An.VII ,Tur., DeM 1191 anzusetzen.

c. Das Suffixpronomen .k in wbn.k bei An.VII ist falsch.

d. Nur DeM 1176 und DeM 1191 haben die richtige Schreibung [Hieroglyphen] erhalten. - Überall hat sich die N.R.-Schreibung śbꜣt für śbt̲ durchgesetzt.
Gol. am Satzende: [Hieroglyphen]

Wahrscheinlicher Urtext:

Übersetzung:

"Räuberei wird getan bis an die Grenzen des Landes, indem Groß und Klein herumirren. Es strömen aber[a)] die Menschen zusammen bei seinem Herannahen, nachdem ihn der Gott Chnum geschaffen hat[b)]. Wenn er steigt, so ist die Welt im Jubel und jedes Geschlecht ist in Freude; jedes Gebiß hat Lachen angenommen und jeder Zahn ist entblößt."

a) šbj "sich vermischen" steht hier als Gegensatz zu nmj "(einzeln) umherirren".

b) Gemeint ist Chnum von Elephantine als Herr der Nilquellen.

IVa

Ch.B.

S.II

An.VII

DeM 1176

Gol.

DeM 1191

Tur.

IVb

Ch.B. 10

S.II

An.VII 7

DeM 1176

Gol.

DeM 1191 7

Tur.

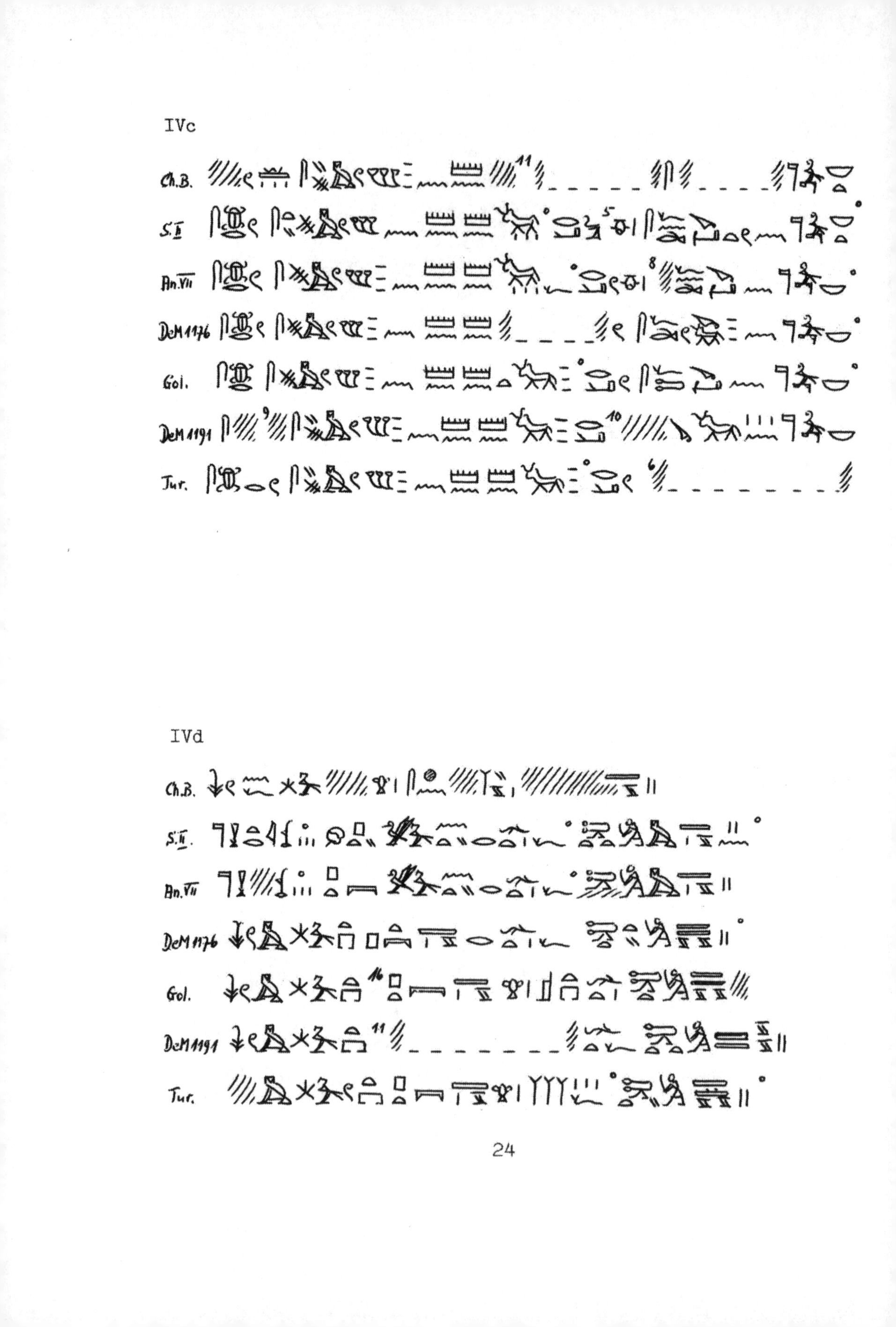

IVc

Ch.B.

S.II

An.VII

DeM 1176

Gol.

DeM 1191

Tur.

IVd

Ch.B.

S.II

An.VII

DeM 1176

Gol.

DeM 1191

Tur.

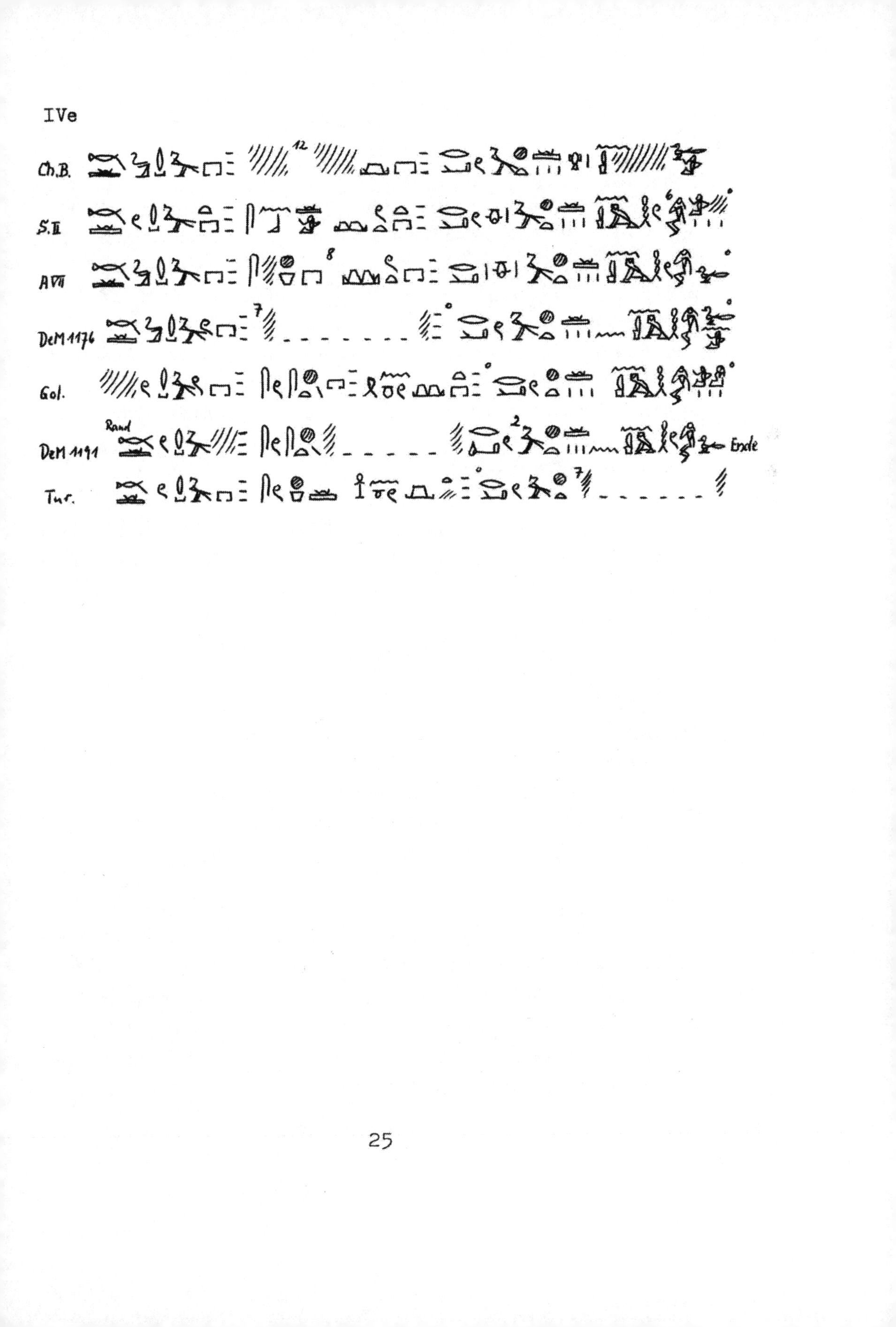

IVe

Ch.B.

S.II

A VII

DeM 1176

Gol.

DeM 1191 Rand … Ende

Tur.

4. Abschnitt

Zum Text:

a. Wie bereits im vorhergehenden Abschnitt geben DeM 1176 und DeM 1191 die besseren Lesungen, in diesem Satz etwa in den Schreibungen und (so auch Tur.)

b. šfšfjj.t < šfjj.t, ist in "anschwellen"(Inf.) zu verbessern. – śtp in Sall.II ist verhört für śtj. – Das Zeilenende ist verderbt, weil ein selteneres Wort auftrat: nach DeM 1176 werden wir wohl śḥtpjj "Räucherarm" lesen müssen; das dazugehörige Determinativ ist verloren und durch das nichtssagende ersetzt worden. – Am Zeilenende dürfte nach DeM 1176, DeM 1191 und Gol. anzusetzen sein, und zwar als Pseudopartizip. ist sekundär, auch wenn das Suffix in Sall.II und An.VII wieder auftaucht. – wḥm in Gol. statt nḏm ist individuelle Verlesung einer hieratischen Vorlage.

c. Sall.II und An.VII haben hier –wie auch sonst manchmal– nach rdj ein unverständliches jb eingeschoben. – śfṯ in Gol. verändert sich über śfd (DeM 1176) zu śfnd (Sall.II, An.VII).

d. Das erste Wort des Satzes muß gelesen werden, und zwar als altes dreiradikalisches Personalpronomen, vgl. Edel, Altägypt. Grammatik § 914; 916. Die Änderung zu beruht auf Einfluß durch den neuägyptischen Gebrauch des zweiradikalischen Pronomens in diesen adv. Nominalsätzen. – Sall.II und An.VII haben dann den Satz św(t) m dwꜣ.t zu śnṯr (CONTE) verhört, Sall.II zusätzlich das folgende p.t in tp-pꜣ. – Am Satzende hat Gol. wieder den besten Text, indem hier iś.t-ḫt "Katasteramt" erhalten ist. Dieses Wort war im N.R. nicht mehr gängig, weshalb man es zum geläufigeren m ḫt.f "unter seiner Aufsicht" änderte. Chester Beatty hat dafür ḥr śḫnw.t geschrieben ("auf den Himmelsstützen" – ob des davor genannten

Himmels wegen?). - Der alte Residenzname Iṯ-tꜣ.wj wurde bei der Niederschrift unserer Quellen nicht mehr verstanden. - Auch Tur. schreibt ḥr śḫnwt.f.

e. śnb in Sall.II anstelle śwśḫ Versehen auf Grund des vorangehenden wḏꜣ.t wegen der Phrase ʿnḫ wḏꜣ śnb. - Sall. II und An.VII haben wieder das hybride jb nach rdj.

Wahrscheinlicher Urtext:

Übersetzung

"Der Speise bringt, groß an Versorgung, der alles Vollendete schafft; Herr des Anschwellens; süß an Duft, wenn der Räucherarm gekommen ist; der das Futter werden läßt für die Herden und so jedem Gott Schlachtopfer zukommen läßt, sei er in der Unterwelt, im Himmel oder auf Erden, durch[a)] das Katasteramt[b)] von Iṯ-tꜣ.wj; der die Magazine füllt, die Scheunen erweitert und den Armen Besitz zukommen läßt."

a) ḥr bedeutet "aus" bei wirtschaftlichen Lieferungen.

b) Zu jś.t-ḫt "Katasteramt" vgl. Urk.I 211 (Dahshur), ferner Grdseloff, ASAE 51, 156.

Va

Ch.B.

S.II

An.VII

DeM 1176

Gol. 11

Tur.

Vb

Ch.B.

S.II

An.VII IX,1

DeM 1176

Gol. Ende

Tur. 8

Vc

Ch.B.

S.II

An.VII

DeM 1176

Tur.

Vd

Ch.B.

S.II

An.VII

DeM 1176

Tur.

Ve

Ch.B.

S.II

An.VII

DeM 1176

Tur.

Vf

Ch.B.

S.II

An.VII

DeM 1176

Tur.

sic

5. Abschnitt

Zum Text:

a. Wegen r.ś und nb.t muß ꜣbb falsch sein; man erwartet ein Femininum (ḫt ist masc.) und könnte zu bꜣbꜣ.t "Schöpfstelle" emendieren. - Am Satzende dürfte Gol. in der verbalen Konstruktion den ursprünglichen Text erhalten haben; in Chester Beatty ist zu gꜣw.t verändert, in Tur. zu ngꜣ.t, in DeM 1176 zu dgꜣ, in An. VII zu kt und endlich in Sall. II zu ktkt.

b. ḫpr in DeM 1176 statt śḫpr hat sein "ś" durch Zusammenfall mit dem .ś des vorhergehenden Satzes verloren. Das Ende der ersten Satzhälfte ist nach DeM 1176 wohl als 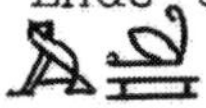 "im Sumpf" anzusetzen, woraus in Gol., Tur. und An. VII (m) pḥ.tj.f wurde.

c. Im ersten Teil des Satzes haben Sall.II und An. VII ein Zitat aus der Lehre des Amenemhet eingefügt, wohl durch Fehlerinnerung. Tur. und Chester Beatty sind in der Textgestaltung ähnlich, wenn auch beiden der Satzanfang verloren ist; es ist mit DeM 1176 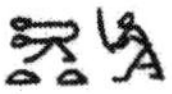 anzusetzen und als Partizip zu deuten, weshalb ..]tw in Tur. und ..]tw.f in Chester Beatty fehlerhaft sind. In DeM 1176 ist ḏww vergessen worden. Das Zeilenende ist allein in Tur. in richtiger Form erhalten geblieben.

d. Tur. zeigt, daß der Zeilenanfang von Sall.II und An.VII mit  fehlerhaft ist, was ein Vergleich mit der folgenden Zeile bestätigt;  ist aus der zweiten Zeilenhälfte eingedrungen. Auch das Determinativ 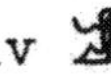 nach bꜣk in Sall. II und An. VII ist zu streichen.

e. Zu  am Satzanfang in Sall. II und An. VII s. bei d.- Zu bw ntw.f vgl. Gardiner, Grammar § 200,2.

f. Allein Sall. II hat das ursprüngliche tpḥ.t erhalten; in DeM 1176 und Tur. liegen Verschreibungen vor. Am Satzende haben sie jedoch den besseren Text. gmḥ statt gmj in Tur. ist ein durch Vc ausgelöster Individualfehler.

Bemerkung:

Das erste Zeichen in dem Wort mḏḥ in Vb, das mit  oder mit hieroglyphisch zu umschreiben ist, hat in den einzelnen Texten recht verschiedene Form:

in Sall. II:

in An.VII :

in DeM 1176:

in Tur. :

Wahrscheinlicher Urtext:

Übersetzung:

"Der den Baum jeder Schöpfstelle wachsen läßt, ohne daß es an ihr mangelt; der das Schiff im Sumpf entstehen läßt, da nicht aus Stein gezimmert werden kann; der die Berge in Besitz nimmt durch sein Bewässern, ohne daß er gesehen werden kann;[a] einer, der arbeitet, ohne daß er angeleitet werden muß; aufgezogen im Geheimen, ohne daß man den Ort, an dem er ist, kennt und ohne daß man seine Höhle in Schriften findet."

a) Wieder Anspielung auf den unsichtbar in der Wüste fallenden Tau.

VIa

Ch.B.

S.II

An.VII

DeM 1176

Tur.

DeM 1190

DeM 1052

VIb

Ch.B.

S.II

An.VII

DeM 1176

Tur.

DeM 1190

DeM 1052

VIc

Ch.B.

S.II

An.VII 4

DeM 1176

Tur. III 1

DeM 1190 3

DeM 1052 5 6

VId

Ch.B. 4

S.II XIII 1

An.VII

DeM 1176

Tur.

DeM 1190 4

DeM 1052 7 8

VIe

Ch.B.

S.II

An.VII

DeM 1176

Tur.

DeM 1190

DeM 1052 Ende

a)

Nach Bacchi, L'inno p. 14 schrieb das mit VIe beginnende, jetzt anscheinend verlorene Ostrakon Tur. 6356 ohne ".tw".

a) rot korrigiert über .

DeM 1052 Ende:

6. Abschnitt

Zum Text:

a) Mit dem 5. Abschnitt hört der bessere Strang Gol.-Wils.-Louvre auf, sodaß nur noch ein einziger Strang übrigbleibt, dessen gemeinsame Verderbnisse nicht mehr durch Zeugen des Gegenstranges festgestellt werden können. In VIa ist der Text stark in Unordnung, wobei DeM 1190 die beste Textgestaltung erhalten hat. So ist hier das erste Wort richtig als erhalten, das in DeM 1176 als Individualfehler ausgefallen ist; in Tur., Sall.II und An.VII ist daraus , in DeM 1052 geworden. Andererseits haben DeM 1176 und Tur. ein erhalten, das zu "Hügel" zu emendieren ist. Das wiederum in DeM 1190 und Chester Beatty erhaltene ist sonst überall zu verhört worden. Möglicherweise ist auch das nur in Tur. erhaltene ḥr nmj alt; es paßt sinngemäß. Mit Tur. ist zu lesen, jedoch ist aus den anderen Quellen hinzuzufügen (in DeM 1052, Sall.II, An.VII zu jb.k verändert). In DeM 1052 steht für wie im ersten Satzteil.

b) šmśj in Chester Beatty, DeM 1190, DeM 1176, Tur. ist gegenüber nhm in DeM 1052, Sall.II, An.VII ursprünglich, da nhm aus XIb übertragen worden ist. ḏꜣmw ẖrdw ist sicher wie in XIb Verderbnis; ob hier wie dort allerdings gestanden hat, ist fraglich, weil man eine Wiederholung dieser seltenen Bezeichnung nicht erwartet. Vielleicht stand an unserer Stelle eher (Wb V 529,17; vgl. Sinuhe 209).

c) Lies tw nḏ ḫr.t.f mit Tur., Chester Beatty; ein Wechsel der 3. und 2. Person ist in unserem Text häufig. Nur in DeM 1190 finden wir mn hꜣw.f "beständig zu seiner Zeit", während die meisten anderen Quellen mn h(ꜣ)pw schreiben; wegen dieser Phrase hat DeM 1052 mn zu śmn verändert und hat außerdem auch noch "des Himmels und der Erde" hinzugefügt.

d. DeM 1190, DeM 1176 und Chester Beatty beginnen den Satz mit 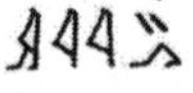 "zurückkommen", während DeM 1052 und Sall. II prj "herauskommen" haben, was in An.VII zu pꜣ tꜣ r dr.f verhört wurde. Sall.II und An. VII haben außerdem mḥ zu m bꜣḥ mißverstanden; nur DeM 1190 hat dabei das notwendige Verbalsuffix bei mḥ erhalten. - šmšj anstelle von šm^{c} in Sall.II ist häufiges Verlesen der ähnlichen hieratischen Formen. - Mit DeM 1176 ist r tr.f zu lesen.

e. Obwohl alle Quellen  schreiben, ergibt dies keinen rechten Sinn. Möglicherweise liegt ein frühzeitiges Verhören vor. Dann könnte als Urtext  angenommen werden, das ähnlich geklungen haben wird. Diese bereits veränderte Textgestalt hat dann auf die Überlieferung von I f zurückgewirkt.

Wahrscheinlicher Urtext:

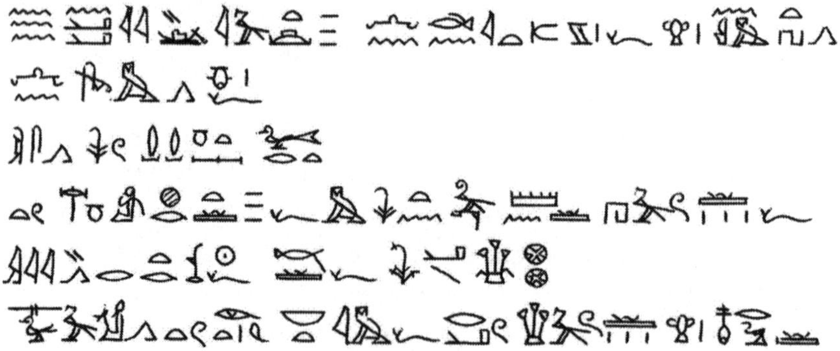

Übersetzung:

"Ein Wasser, das die Hügel überströmt, dessen Damm es beim Fließen nicht gibt und dessen Wille nicht geführt werden kann. Es begleitet ihn das große Kollegium [a], und man begrüßt ihn als König, der zu seiner Zeit beständig ist sowie zu seiner Jahreszeit wiederkommt, damit er Oberägypten und Unterägypten fülle. Man wartet, indem jedes Auge auf ihm ruht, ob ein Übermaß über Normalnull [b] bewirkt wird."

a) Man sieht hier den Nil als Vezir, den der "große juristische Rat" begleitet; beim Nil sind es die Wassergeister "über der Flut".

b) Zu nfrw "Normal-Null" vgl. JEA 4, 110 n. 1.

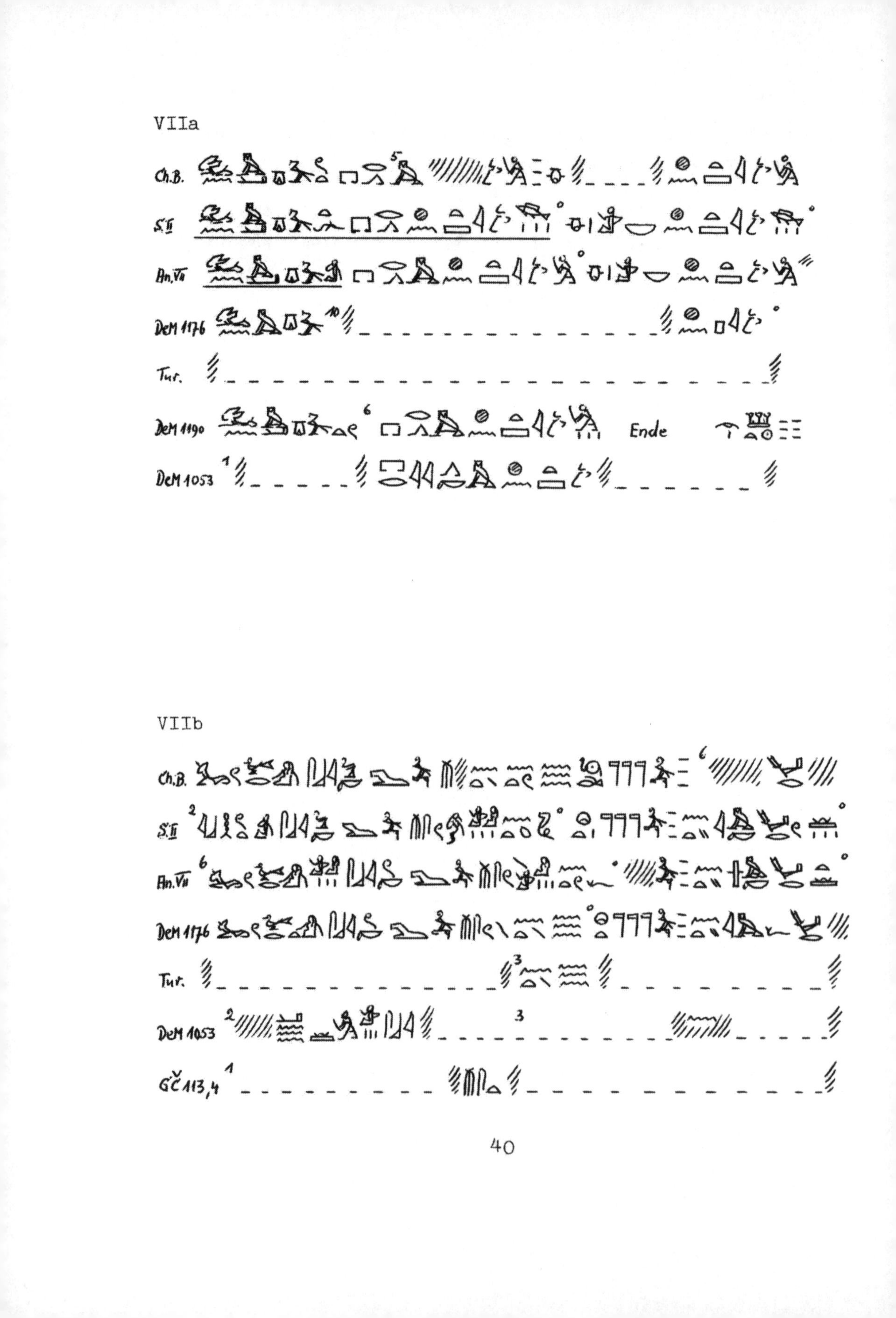

VIIa

Ch.B.

S.II

An.VII

DeM 1176

Tur.

DeM 1190 Ende

DeM 1053

VIIb

Ch.B.

S.II

An.VII

DeM 1176

Tur.

DeM 1053

GČ 113,4

VIIc

Ch.B.

S.II

An.VII

DeM 1176

Tur.

DeM 1053

GČ 113,4

VIId

Ch.B.

S.II

An.VII

DeM 1176

Tur.

DeM 1053

GČ 113,4

VIIe

Ch.B. *sic*

S.II

Hn.VII

DeM 1176

Tur.

DeM 1053 … Ende

GČ 113,4

Angaben über das anscheinend jetzt verlorene Ostrakon Tur. 6356 nach Bacchi, L'inno p.14:

VIIa : am Ende ḥr ḫntš.
b : jbḥ und
c : es fehlte das Verb: bš śḫ.t.f.
d :
e : Tur. 6356 endet hier.

GČ 113,4 Satzende:
DeM 1053 Ende:

7. Abschnitt

Zum Text:

a. gꜣ.t "Not" muß das Determinativ erhalten, das jetzt verloren ist. - Am Ende der Zeile hat allein DeM 1176 das richtige Verb ḫnp erhalten, während Chester Beatty, Sall.II und An.VII auf eine Vorlage zurückgehen, die aus der ersten Zeilenhälfte ḫntš übernommen hatte. DeM 1190, das bisher den besten Text zeigte, hört hier auf.

b. ibḥ in Sall.II ist Erinnerungsfehler. Nur DeM 1176 hat die ursprüngliche Schreibung für n.t "Flut", während bereits Chester Beatty und dann Sal.II zu "Neith" umgedeutet haben, wohl wegen des vorangehenden Suchos, als der Sohn der Neith. In An.VII ist das Wort weiter mißverstanden. - Sall. II und An. VII richten den Text direkt an den Nil, weshalb sie am Ende jm.k schreiben. - Das letzte Wort ist wohl als Pseudopartizip ḏśr.tj zu lesen.

c. Das nur in Sall.II und An.VII erhaltene erste Wort des Satzes ist bš "Erbrechen". Das ihm folgende Verb dürfte nach Chester Beatty und DeM 1176 als śqdd "gleiten" anzusetzen sein; in Sall.II und An.VII liegen weitere Veränderungen vor. Sall.II hatte hier Erinnerungsschwund, weshalb es das Ersatzwort śśwj "tränken" einsetzt, das von ihm auch in der folgenden Zeile wieder zur Aushilfe benutzt wird. - Als Verb der zweiten Satzhälfte ist śgnn "aufweichen" zu erkennen (in der zeitüblichen Schreibung śqnn); DeM 1176 hat an śgnn "Lampenöl" gedacht, das in GČ 113,4 genannte Wort śqfꜣ ist sonst nicht belegt.

d. Statt des ursprünglichen św śr hat Sall.II wieder das Aushilfswort śśwj "tränken" (Metathese). - śmꜣ "benachteiligen" ist in Sall.II zu m irj und in An.VII zu mrj verhört worden, da beides etwa "mai" gesprochen wurde.

e. Das Verb des zweiten Satzteils ist nirgends ganz erhalten; nach Chester Beatty und DeM 1053 ist sicher kśm "widerstehen" anzusetzen. Sall.II und An.VII haben es zu gś mißverstanden. - Das Schlußwort des Satzes lautet nach Chester Beatty tꜣš "Grenze"; DeM 1176 hat es zu štꜣ umgestellt, während Sall.II und An.VII tšꜣ schreiben.

Wahrscheinlicher Urtext:

Übersetzung:

"Wer in Not war, kommt in Fröhlichkeit heraus, denn jedes Herz hat empfangen. Der schwanger war mit Suchos und der die Flut gebar, als die Neunheit, die bei ihm ist, noch abgesondert war. Erbrechen, das über die Weide gleitet und das ganze Land aufweicht; der den einen reich werden läßt und den anderen benachteiligt, ohne daß mit ihm gerechtet werden kann; der Frieden schafft, ohne daß man widerstehen kann; es gibt keinen, der ihm Grenzen setzen kann."

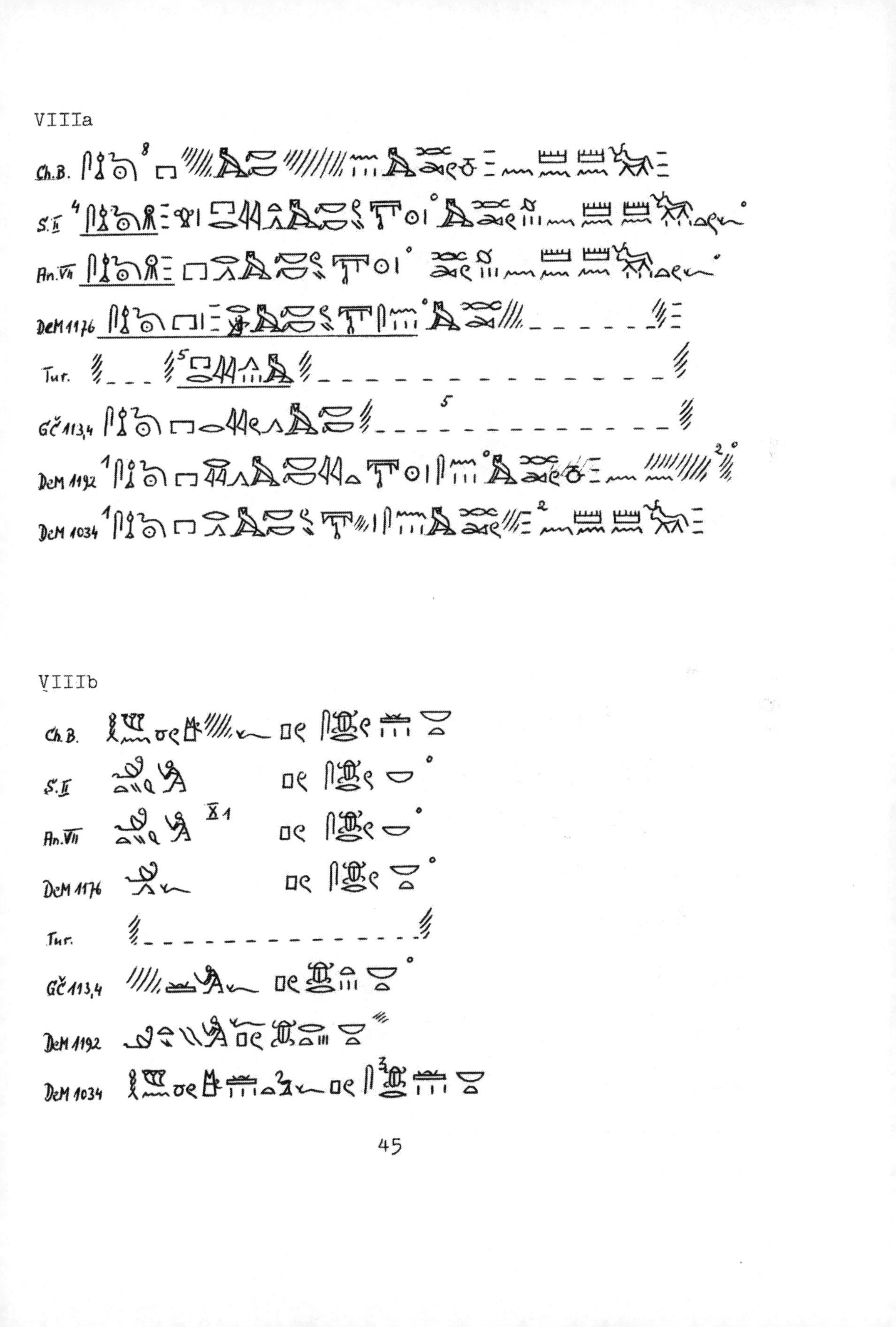

VIIIa

Ch.B.

S.II

An.VII

DeM 1176

Tur.

GČ 113,4

DeM 1192

DeM 1034

VIIIb

Ch.B.

S.II

An.VII

DeM 1176

Tur.

GČ 113,4

DeM 1192

DeM 1034

VIIIc

Ch.B. [9]

S.II

An.VII

DeM 1176

Tur. [6]

GČ 113,4

DeM 1192

DeM 1034

VIIId

Ch.B.

S.II. [5]

An.VII

DeM 1176 [12]

Tur.

GČ 113,4 [6]

DeM 1192 [3]

DeM 1034 [4]

VIIIe

Ch.B. [10]

S.II

An.VII [2]

DeM 1176

Tur.

GČ 113,4 [7]

DeM 1192 [4]

DeM 1034 [5]

VIIIf

Ch.B.

S.II.

An.VII

DeM 1176

Tur. [7]

GČ 113,4

DeM 1192 [5]

DeM 1034

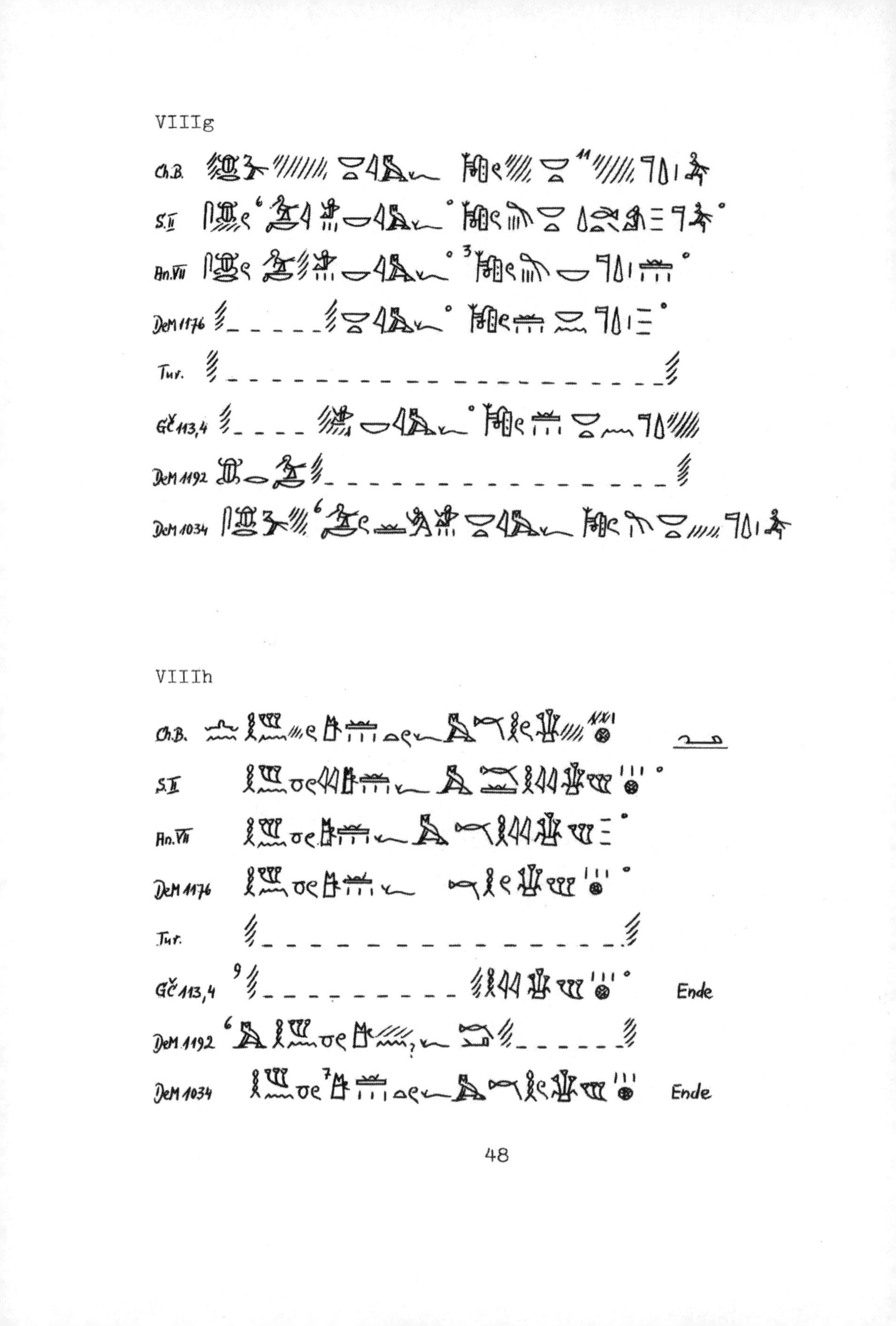

VIIIg

Ch.B.

S.II

An.VII

DeM 1176

Tur.

GČ 113,4

DeM 1192

DeM 1034

VIIIh

Ch.B.

S.II

An.VII

DeM 1176

Tur.

GČ 113,4 Ende

DeM 1192

DeM 1034 Ende

8. Abschnitt

Zum Text:

a. In DeM 1176 ist prjjw zu prw r.j verhört. - Sall.II und An.VII haben fälschlich kkw statt kkw.śn.

b. ḥnw.(t).f in Chester Beatty und DeM 1034 ist aus VIII h eingedrungen. Aber auch die anderen Quellen sind verderbt: Ursprünglich ist "Geschenk" anzusetzen; da dieses Wort Urk. IV 2178,10 geschrieben wird, sprach man es damals bereits q/kfꜣ. Eine Schreibung nur mit dem Wortzeichen und dem Determinativ ( ) wie in DeM 1176 verstand man dann als pḥ.tj; so DeM 1192, Sall. II und An.VII.

c. DeM 1034, DeM 1192 und GČ 113,4 geben den Urtext; in DeM 1176 wurde, durch das ꜥnḫ verleitet, noch ein wḏꜣ zugefügt. Sall.II hat mißverstanden und An.VII den Wortlaut geändert.

d. DeM 1034 hat den besten Text; Sall.II und An.VII haben mḥ "Flachs" zu mḥ "füllen" und šꜣꜥ "schaffen" zu šꜣ "Morast" mißverstanden. DeM 1192 und GČ 113,4 zeigen šꜣꜥ.n.tw.f anstelle von šꜣꜥ.n.f (Rel. Form).

e. Aus GČ 113,4 und DeM 1192 ist für den Satzanfang rdjw jrjj zu erschließen; ist aus dem zweiten Satzteil eingedrungen. Mit DeM 1192 und An.VII ist ḥr bꜣk.f anzusetzen; auch r bꜣk.f in Chester Beatty weist auf eine Präposition hin. - Im zweiten Satzteil muß ursprünglich sein. Šsmw wird in DeM 1176 und DeM 1192 mit einem Wortzeichen, DeM 1035 ausgeschrieben; der Name wurde in Sall.II und An.VII verderbt. Diese beiden Papyri haben auch mrḥ.t in mr ꜣḫ.t verhört.

f. Das erste Wort ist mit DeM 1176 und DeM 1192 als nḏr "zimmern" anzusetzen; DeM 1034 und Chester Beatty lassen die Aussprache mḏr erkennen. Sall.II und An.VII haben wieder zu nn ḏrw verhört. - Am Satzende hat DeM 1034 m qj.f "nach seiner Art". Chester Beatty denkt dabei wegen des Determinativs an qjś "speien". Die übrigen Texte geben Phantasieworte (qbś bzw. gbśbś). Da auch GČ 113,4 qbś und DeM 1176 qꜣbś mit determinieren, dürfte ein Ansatz von als Urtext sicher sein, da auch das "Bespeien" des Ackers durch die Überschwemmung nach Wb V 17,5 belegt ist. Die Unsicherheit im Verb hat auch die Veränderung der Präposition "m" zu ntj ḥr bzw. ḥnʿ begünstigt.

g. ꜣ in Chester Beatty und DeM 1034 steht in zerstörtem Zusammenhang, könnte aber die alte Partikel sein. Bei bꜣk streiche .

h. in DeM 1192 und in Chester Beatty am Anfang sind mir unerklärlich. Verbessere in und .

Wahrscheinlicher Urtext:

Übersetzung:

"Der die erleuchtet, die in ihre Finsternis hinaus gehen, mit dem Fett der Herden.[a)] Jedes Geschöpf ist sein Geschenk;[b)] es gibt keinen Bezirk, der ohne ihn leben könnte. Der die Menschen mit Flachs bekleidet, den er geschaffen hat; der den Webergott bei seiner Arbeit tätig sein läßt, nachdem der Keltergott sein Öl geschaffen hat.[c)] Ptah zimmert mit seinem Speichel[d)], indem er ja aus ihm alle Werke entstehen läßt und alle Schriften der Gottesworte, weil er mit Papyrus versorgt."

a) Der Nil bewässert das Futter der Rinder, aus deren Fett die Kerzen gemacht werden, mit denen man sich in die Nacht herauswagt.

b) vgl. Herodot II 5: Αἴγυπτος .... δῶρον τοῦ ποταμοῦ.

c) Hinweis auf das Lampenöl, das vorhanden sein muß, ehe man weben kann, da dies in finsteren Räumen ausgeführt wurde, wie die Lehre des Dwꜣ-Ḫtjj im 14. Abschnitt erkennen läßt.

d) Auch die Bäume leben von dem Überschwemmungswasser des Nil, das hier als dessen Speichel bezeichnet wird; sie sind das Material des Handwerkergottes Ptah.

IXa

Ch.B.

S.II

An.VII

DeM 1176

Tur.

DeM 1192 Ende

DeM 1193

IXb

Ch.B. sic

S.II

An.VII

DeM 1176

Tur.

DeM 1193

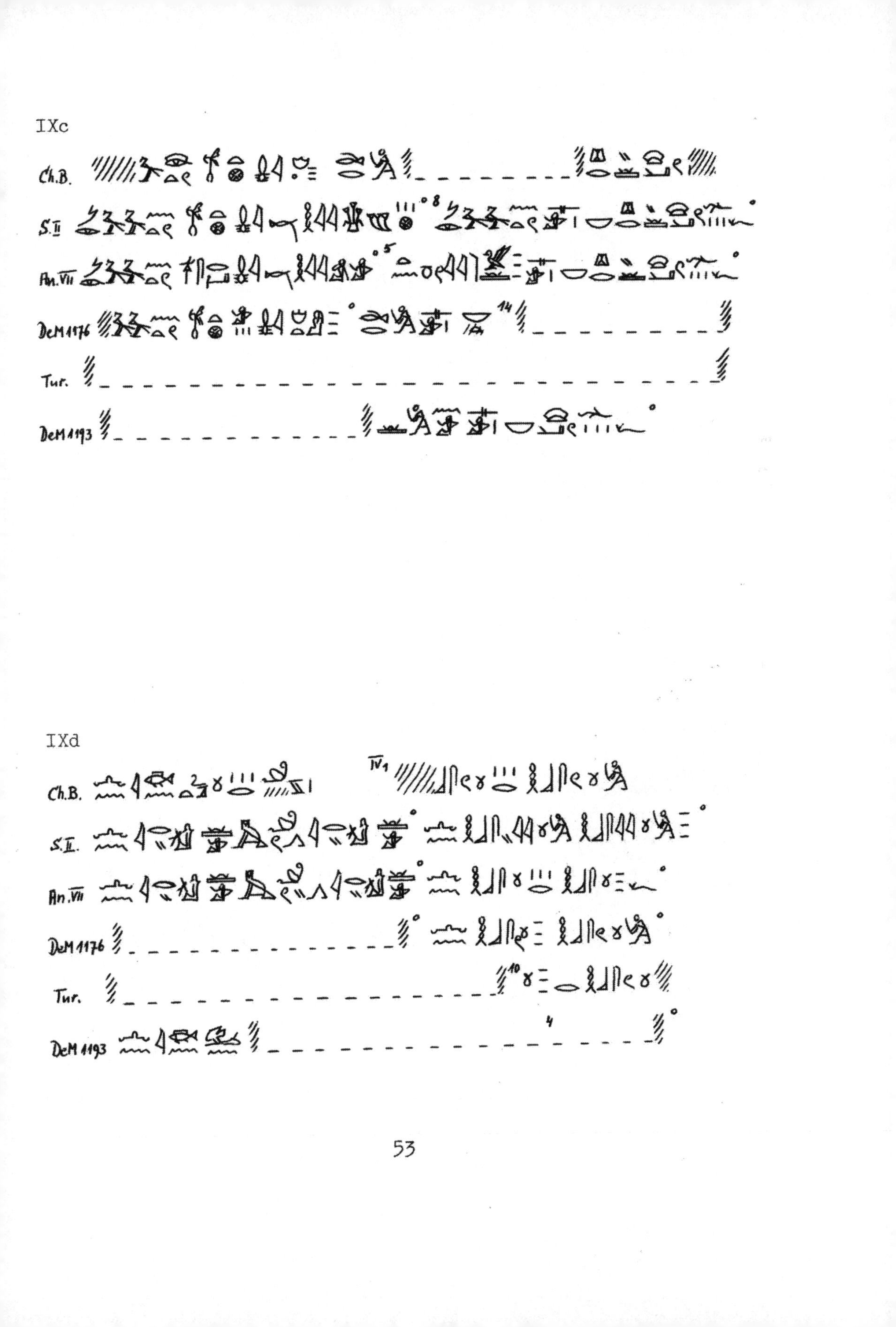

IXc

Ch.B.

S.II

An.VII

DeM 1176

Tur.

DeM 1193

IXd

Ch.B.

S.II.

An.VII

DeM 1176

Tur.

DeM 1193

IXe

Ch.B.

S.II

An.VII

DeM 1176

Tur.

DeM 1193

DeM 1050 2

IXf

Ch.B. 2

S.II

An.VII

DeM 1176

Tur.

DeM 1193 5

DeM 1050

IXg

Ch.B.

S.II

sic

An.VII

15

DeM 1176

Tur.

DeM 1193

DeM 1050

9. Abschnitt

Zum Text:

a. Sall.II und An.VII haben jmḥ.t "Unterwelt zu md.t "Wort" mißverstanden. Auch das dort stehende ꜣbb ist durch wbꜣ zu ersetzen, wie in der einzigen erhaltenen Variante DeM 1176 steht. Tur. zeigt bei jmḥ.t orthographische Unsicherheit.

b. dnś wird in üblicher Fehlorthographie geschrieben; zusätzlicher Schreibfehler in Chester Beatty. - Emendiere in [Hieroglyphen] "Wenigkeit". Sall.II und An.VII haben rḫjj.t durch ein unverständliches [Hieroglyphen] ersetzt. - jm.k (An. VII) ist zu streichen, ebenso das .k an dnś in Sall.II. - Mit ẖdbw gibt DeM 1193 den Urtext (in DeM 1176 ist .f zu streichen), woraus in Chester Beatty ẖrdbw und dann in Sall.II und An.VII ḫr dbḥw geworden ist. - Am Satzende lies mit DeM 1176 snmw "Wolkenbruch"; davor ist mit DeM 1193 als Objekt [Hieroglyphen] einzufügen, wofür auch [Hieroglyphen] von Chester Beatty spricht.

c. Wꜣś.t ist in An.VII zu wśr verhört.- Die Schreibung von Chester Beatty läßt erkennen, daß am Ende der vorderen Hälfte des Satzes pḥw ([Hieroglyphen]) gestanden haben muß, das in DeM 1176 zu ḥmw.t "Frauen" verlesen wurde. Sall.II und An.VII gehen auf eine Sinnvariante mḥjj.t zurück, die in An.VII allerdings bereits wieder mißverstanden ist. - Der zweite Teil des Satzes dürfte nach Chester Beatty u. DeM 1176 mit dr "niederlegen" begonnen haben, was Sall. II. und An.VII durch andere Worte (mꜣꜣ bzw. tnj) ersetzen. - ḫꜥw.f (so in DeM 1193) wurde in Chester Beatty, Sall.II und An.VII zu ẖrj-ḫꜥ.f erweitert.

d. Aus Chester Beatty ist zu erkennen, daß jnj "Seil" dagestanden hat, das DeM 1193 anscheinend nicht mehr verstanden und Sall.II und An.VII umgedeutet haben. Diese drei erhaltenen Quellen machen ferner deutlich, daß die erste Satzhälfte mit einem Wort pḥ endete, bei dem es sich im vorliegenden Zusammenhang kaum um ein anderes als um pḥ.t "Hintertau" handeln kann. Davor ist nach Chester Beatty die Präposition "r" anzusetzen, die auch im zweiten Satzteil die Tendenz zeigt, auszufallen.

e. Am Satzende ist nach špśj(w) mit DeM 1050, DeM 1193 und DeM 1176 gegen die drei Papyri mit und nicht mit zu determinieren.

f. Allein DeM 1176 hat mśdm.t "Augenschminke" erhalten, was Chester Beatty in mś.t n mw.t ("Kind der Mutter"), Sall. II in pśḏw.t ("Neunheit") und An.VII in śḏm ("hören") mißverstanden haben. Danach gibt Chester Beatty nur ḥr sowie Sall.II und An.VII m grḥ "in der Nacht", was sicher fehlerhaft ist. Ein Blick auf Pap. Ebers 61,7 läßt erkennen, daß in Chester Beatty das ḥr (:"und") richtig ist, dahinter aber ein zweites Wort ausgefallen ist, das sich hinter dem m grḥ versteckt und mrḥ.t "Salbe" gewesen ist. - Im zweiten Satzteil lies mit Chester Beatty und DeM 1176 wš "ausfallen (von Haaren)", wobei auch n šnd von DeM 1176 hinzuzuziehen ist, das in Chester Beatty wieder ausgelassen wurde. Sall.II und An.VII machten aus wš das Verb wšb "antworten" und aus gꜣw.f ein qbḥw "Wassergebiet". - Das "n" vor gꜣw.f in DeM 1176 ist wohl zu streichen.

g. Mit Chester Beatty und gegen DeM 1193, Sall.II und An. VII ist der Satz mit einzuleiten.

Wahrscheinlicher Urtext:

Übersetzung:

"Der in die Unterwelt eintritt und aus dem Himmel herauskommt; offenbarend, wenn er aus dem Geheimen kommt. Es sind aber die Wenigen der Menschen traurig, wenn sie der Wolkenbruch des Jahres [a] getötet hat, nachdem man Theben wie ein Sumpfgebiet erblickt hatte. Jedermann legt sein Gerät nieder, und es gibt keine Stricke für das Schiffstau, keine Kleider zum Bekleiden, und nicht können die Kinder der Vornehmen geschmückt werden. Es gibt weder Augenschminke noch Salbe, und der ohne Haare leidet Not, denn keiner kann gesalbt werden." [b]

a) vgl. Wb II 431,1.

b) vgl. Gardiner, Grammar § 424,3.

Xa

Ch.B.

S.II.

Bn.VII

DeM 1176

Tur.

DeM 1193

DeM 1050

M 30

DeM 1024

Xb

Ch.B.

S.II

An.VII

DeM 1176

Tur.

DeM 1193

DeM 1050

M30

DeM 1024

Xc

Ch.B.

S.II

An.VII

DeM 1176

Tur.

DeM 1193

DeM 1050

M30

DeM 1024

Xd

Ch.B.

S.II

An.VII

DeM 1176

Tur.

DeM 1193 Ende

DeM 1050

M30

DeM 1024

a) Posener: "eher !"

Xe

Ch.B.

S.II

An.VII

DeM 1167

Tur.

DeM 1050

M 30

DeM 1024

a) Über der Zeile eingefügt.

10. Abschnitt

Zum Text:

a. Sall.II und An.VII haben ibw zu ꜣb(b)w verhört. Zum Beginn des zweiten Satzteils unterscheiden sich die verschiedenen Quellen: m ḏd (DeM 1176), m ḏd.t (Sall.II), r ḏd (Chester Beatty), r ḏd.śn (DeM 1050), ḏd.śn (M 30), ḏd.tw (An.VII). Daraus darf geschlossen werden, daß der Urtext eine Form des Verbums ḏd enthielt, die den späteren Ägyptern unverständlich war und die sie zu emendieren suchten. Dafür scheint mir ein Partizip naheliegend, auf rmṯw bezogen, vielleicht ohne Plural - Striche geschrieben (vgl. Gardiner, Grammar § 354). - Das seltenere Wort šwꜣw "die Armen" haben Sall.II und An.VII zu r wšb mißverstanden.

b. šbnw ist in Sall.II und An.VII wieder in das Verlegenheitswort wšb geändert worden.- tmm ist Partizip, deshalb sind die Determinative 𓀀𓁐𓏥 zu streichen. - Chester Beatty, DeM 1193 und DeM 1024 (wohl auch DeM 1050 sowie M 30) enden den Satz mit ḥr mw.f, während DeM 1176 mit Sall.II und An.VII den Korngott Npr nennen; letztere Umänderung ist Einfluß von Abschnitt I g.

c. Lies mit Chester Beatty und DeM 1024 gegen alle anderen Quellen dwꜣ tw nṯrw. Mit DeM 1050 ist m rdjw "als einer der....läßt" anzusetzen; aus dem "m" wurde in DeM 1193, Tur., Sall.II und An.VII 𓂜 , während es DeM 1176 und M 30 dann ganz ausscheiden. - Wegen ḫꜣś.t.f lies ꜣpd im Singular.

d. Wieder geben Chester Beatty, DeM 1024 und dazu M 30 mit der Negation 𓂜 am Satzanfang den besseren Text. - śḫꜣ in Sall.II verhört aus śḫ. - Im zweiten Satz der Zeile ist 𓂜 dort, wo es auch im vorhergehenden Satz fehlt, zu "m" oder n ꜥꜣ.t(?) umgedeutet worden. Das Verb dieses Satzes dürfte nach DeM 1176 tḫ "berauscht werden" sein, was Chester Beatty zu tḫb "eintauchen" und Sall. II und An.VII zu db.t "Ziegel" verändert haben. Letztere haben durch Einfügen des Verbs śḫt "(Ziegel) streichen" einen neuen Sinn hergestellt. Auch vom Inhalt her wird tḫ dadurch gestützt, als im folgenden Satz das "Essen" angeführt wird. - vor ḥḏ ist wohl anstelle einzusetzen.

Wahrscheinlicher Urtext:

Übersetzung:

"Der die Gerechtigkeit in den Herzen der Menschen festigt, wenn sie Lügen sagen wollen gegen die Armen; der sich mit dem Meer vereinigt; auf dessen Wasser es keinen gibt, der geleitet werden kann. Dich verehren die Götter alle als den, der den Vogel aus seinem Fremdland herabkommen läßt.

Nicht gibt es einen, dessen Hand mit Gold webt, noch gibt es einen Menschen, der vom Silber trunken wird, auch kann man echten Lapislazuli nicht essen, sondern Getreide steht an der Spitze der Leistungsfähigkeit."

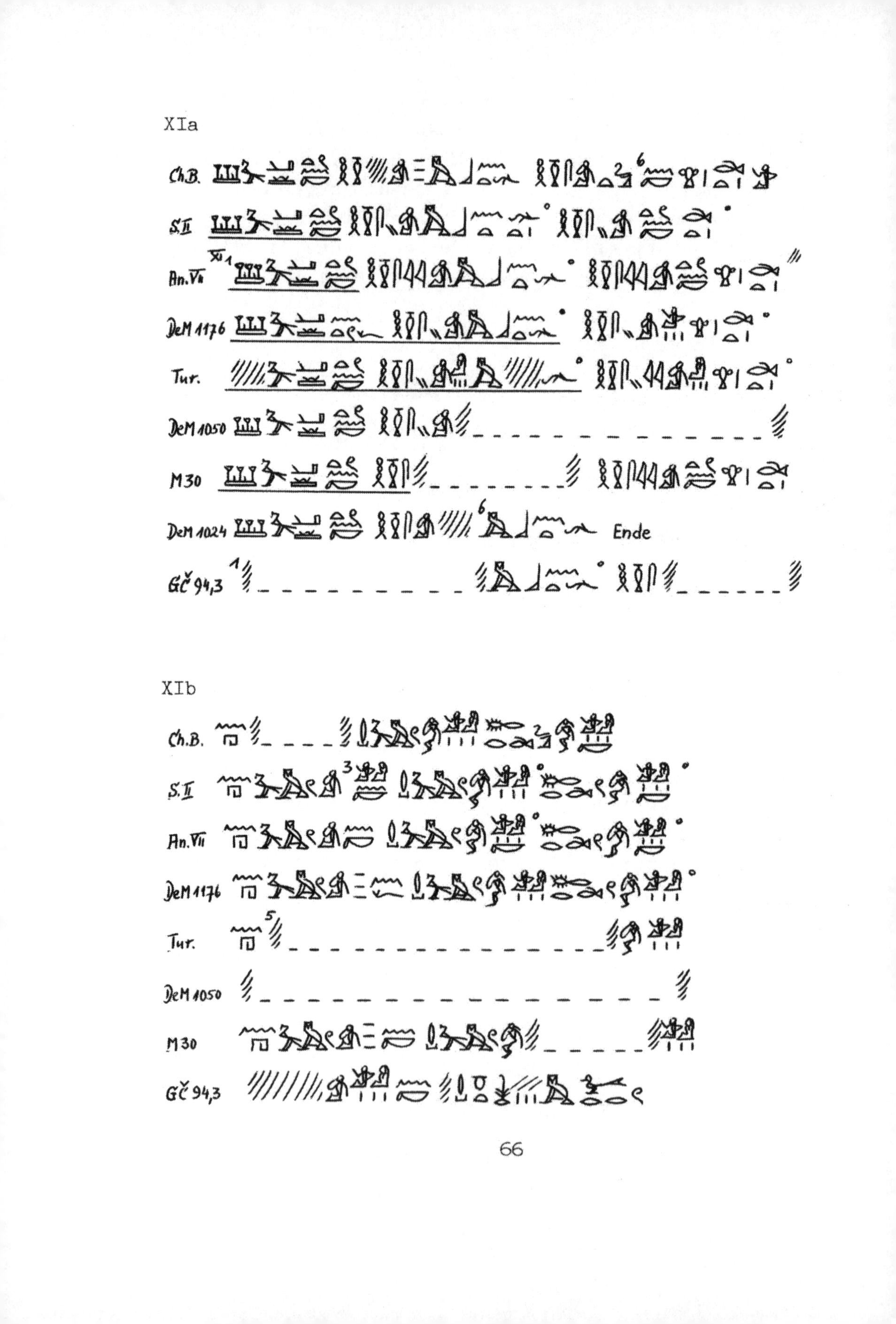

XIa

Ch.B.

S.II

An.VII

DeM 1176

Tur.

DeM 1050

M 30

DeM 1024 Ende

GČ 94,3

XIb

Ch.B.

S.II

An.VII

DeM 1176

Tur.

DeM 1050

M 30

GČ 94,3

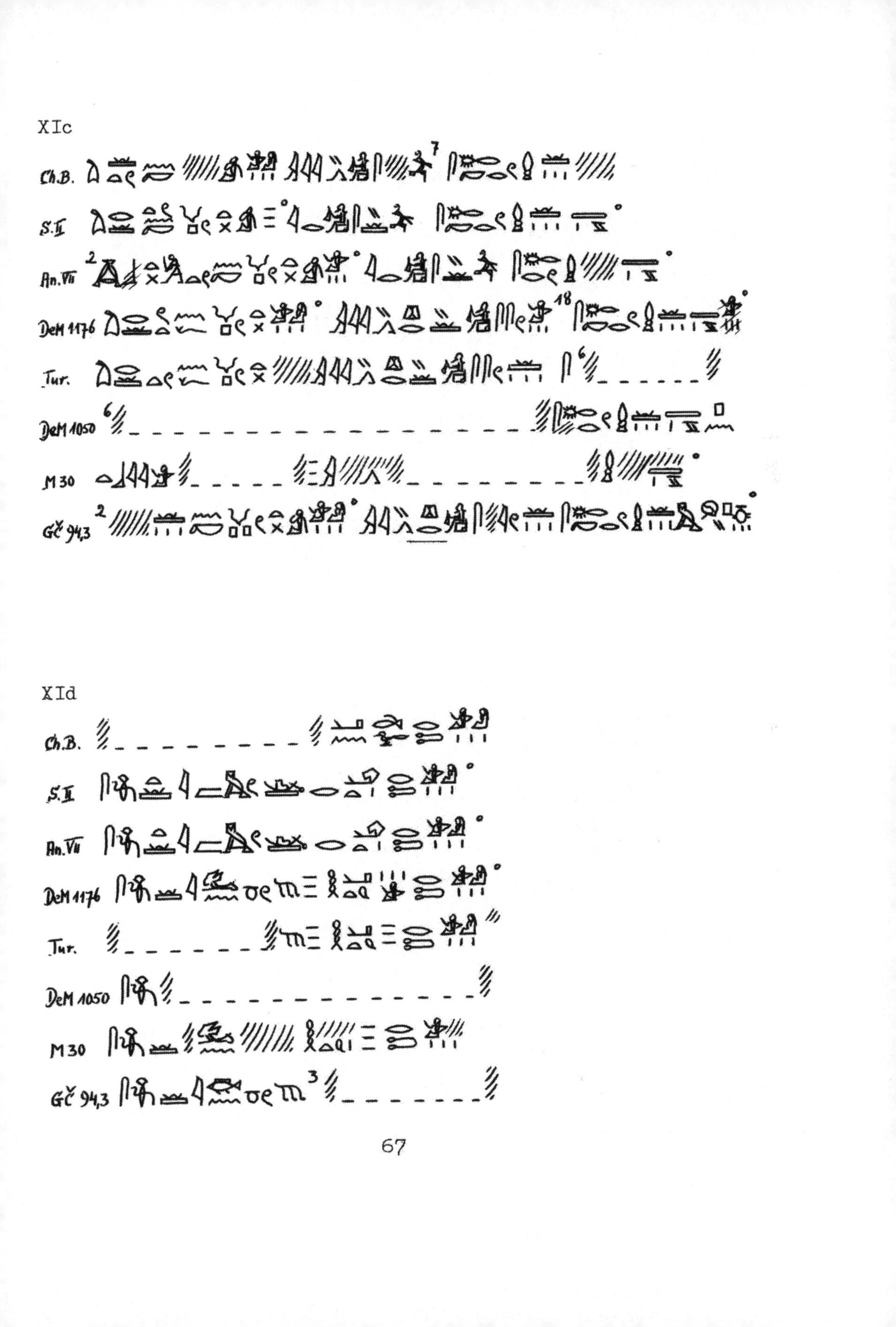

XIc

Ch.B. [7]

S.II

An.VII [2]

DeM 1176 [18]

Tur. [6]

DeM 1050 [6]

M 30

GČ 94,3 [2]

XId

Ch.B.

S.II

An.VII

DeM 1176

Tur.

DeM 1050

M 30

GČ 94,3 [3]

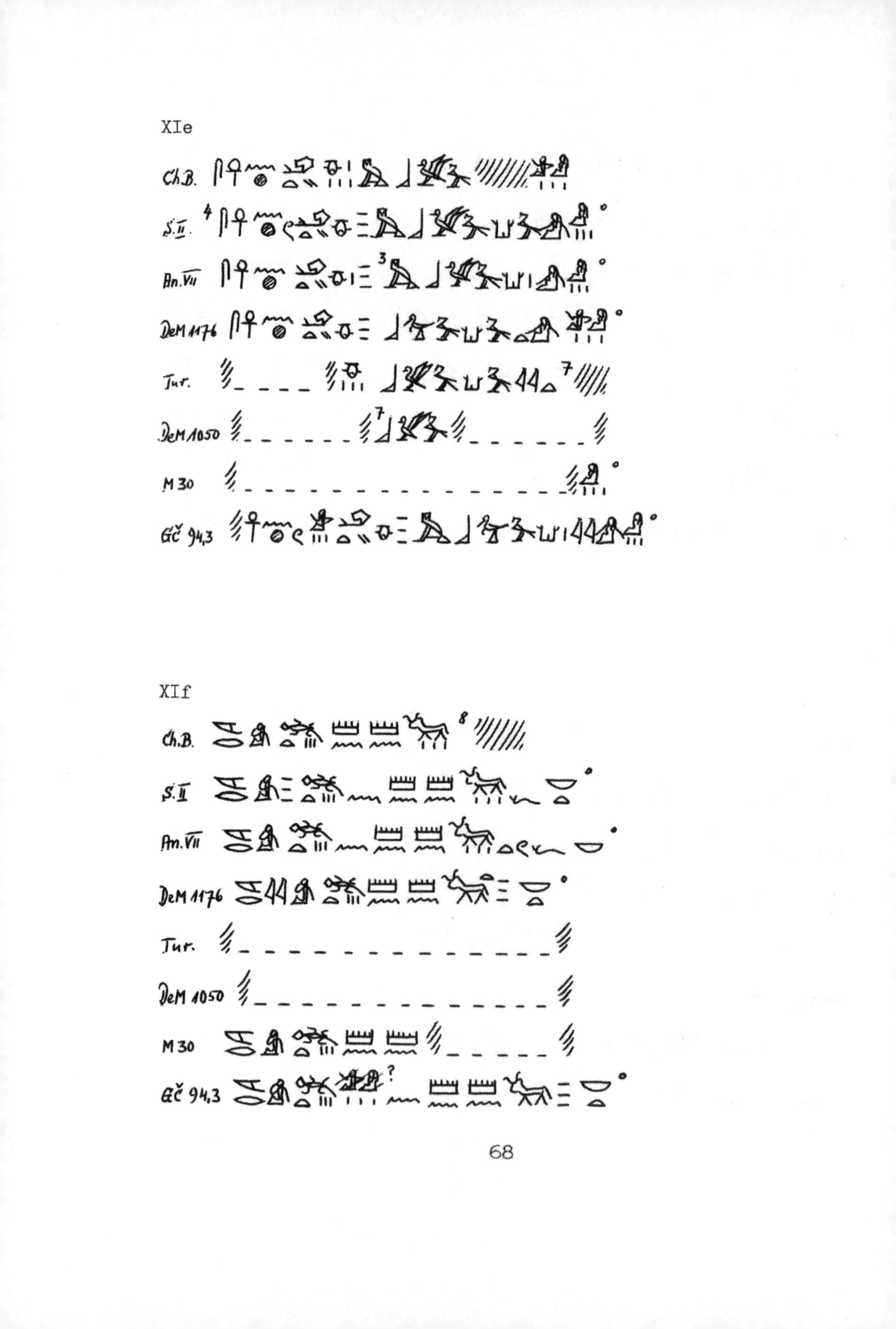

XIe

Ch.B.

S.II

An.VII

DeM 1176

Tur.

DeM 1050

M 30

Gč 94,3

XIf

Ch.B.

S.II

An.VII

DeM 1176

Tur.

DeM 1050

M 30

Gč 94,3

11. Absatz

Zum Text:

a. Grapow las auf Tur. nach der Lücke [hieroglyph] ; jedoch dürfte wohl [hieroglyph] dagestanden haben. - Lies überall [hieroglyphs] (Inf.) statt ḥsj.

b. Mit GČ 94,3 setzt wieder ein Text mit guter Überlieferung ein, der sich hier bereits stark von den sonstigen Quellen unterscheidet. Da man aber in der Ramessidenzeit den alten Verwaltungsausdruck ḏꜣḏꜣ.t rś́j.t nicht mehr benutzte, wurde er zu ḏꜣmw "Jünglinge" umgedeutet, ein Wort, was auch sonst in unserem Text erscheint. Dadurch lag aber auch nahe, das folgende m wrrw "am Wasserloch" (Wb.I 334,4 mit 332,11) zum ähnlichen und oft mit ḏꜣmw zusammengenannten ẖrdw "Kinder" umzuändern.

c. Das erste Wort lautet in Turin, Ch. B. und DeM 1176 ᶜpr gegen M 30, Sall.II und An.VII ḏbꜣ; nach dem sonst erkennbaren Wert der Quellen dürfte ᶜpr besser sein. Leider ist im besten Text GČ 94,3 dieses Wort verloren, jedoch hat er am Ende der Zeile mit m tpj "mit feinem Öl" allein den Urtext erhalten .

d. Wieder gibt GČ 94,3 mit jnw die beste Schreibung, welche in DeM 1176 und M 30 zu [hieroglyphs] verändert wurde, woraus dann Sall.II und An.VII imw "Schiff" gemacht haben. Das Satzende fehlt leider in GČ 94,3, doch darf man mit DeM 1176 und M 30 ḥᶜw "Glieder" gegen r ḥꜣ.t in Sall.II und An.VII lesen. Chester Beatty ist wohl durch den Abschnitt 9 b beeinflußt worden.

e. GČ 94,3, Chester Beatty, Sall.II, An.VII haben richtig [hieroglyph] vor bikuja.

f. Das ".f" bei mnmn.t in Sall.II und An.VII ist zu streichen.

Wahrscheinlicher Urtext:

Übersetzung:

"Man beginnt dir zur Harfe zu singen und man singt dir mit der Hand,[a] es jubelt dir das südliche Kollegium am Wasserloch zu.[b] Es versorgt dich eine Menschenmenge, die mit Kostbarkeiten kommt, geschmückt mit Feinöl. Der frisch macht die Farbe der menschlichen Glieder und die Herzen in den Schwangeren belebt und eine große Anzahl jeder Art von Vieh wünscht".

a) Die sog. Cheironomie, eine Art des Dirigierens.

b) Die Beamten Oberägyptens opfern dem Nil am 1. Katarakt.

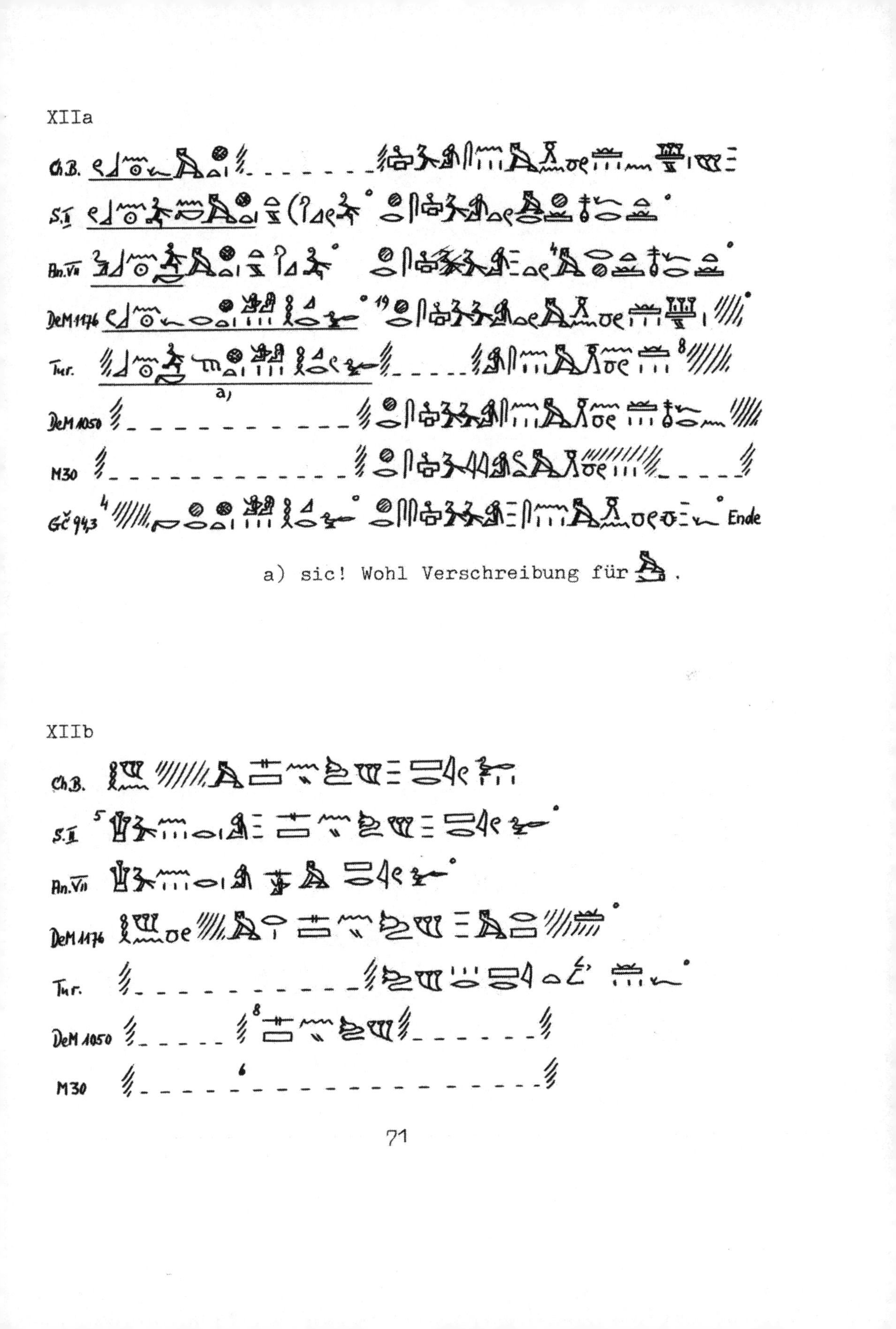

XIIa

Ch.B.

S.II

An.VII

DeM 1176

Tur. a)

DeM 1050

M30

GČ 94,3 Ende

a) sic! Wohl Verschreibung für .

XIIb

Ch.B.

S.II

An.VII

DeM 1176

Tur.

DeM 1050

M30

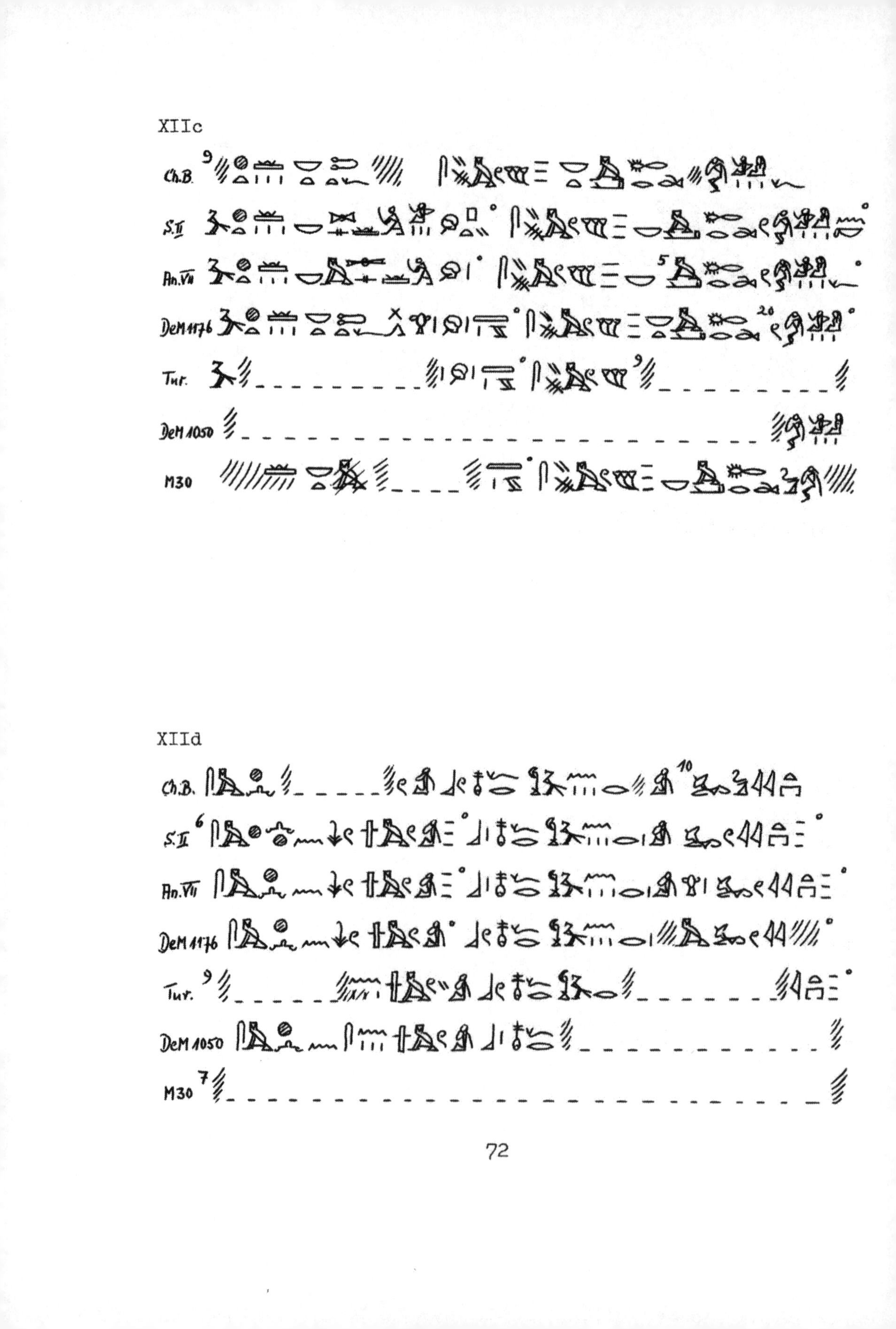

XIIc

Ch.B. [9]

S.II

An.VII

DeM 1176

Tur.

DeM 1050

M30

XIId

Ch.B.

S.II [6]

An.VII

DeM 1176

Tur. [9]

DeM 1050

M30 [7]

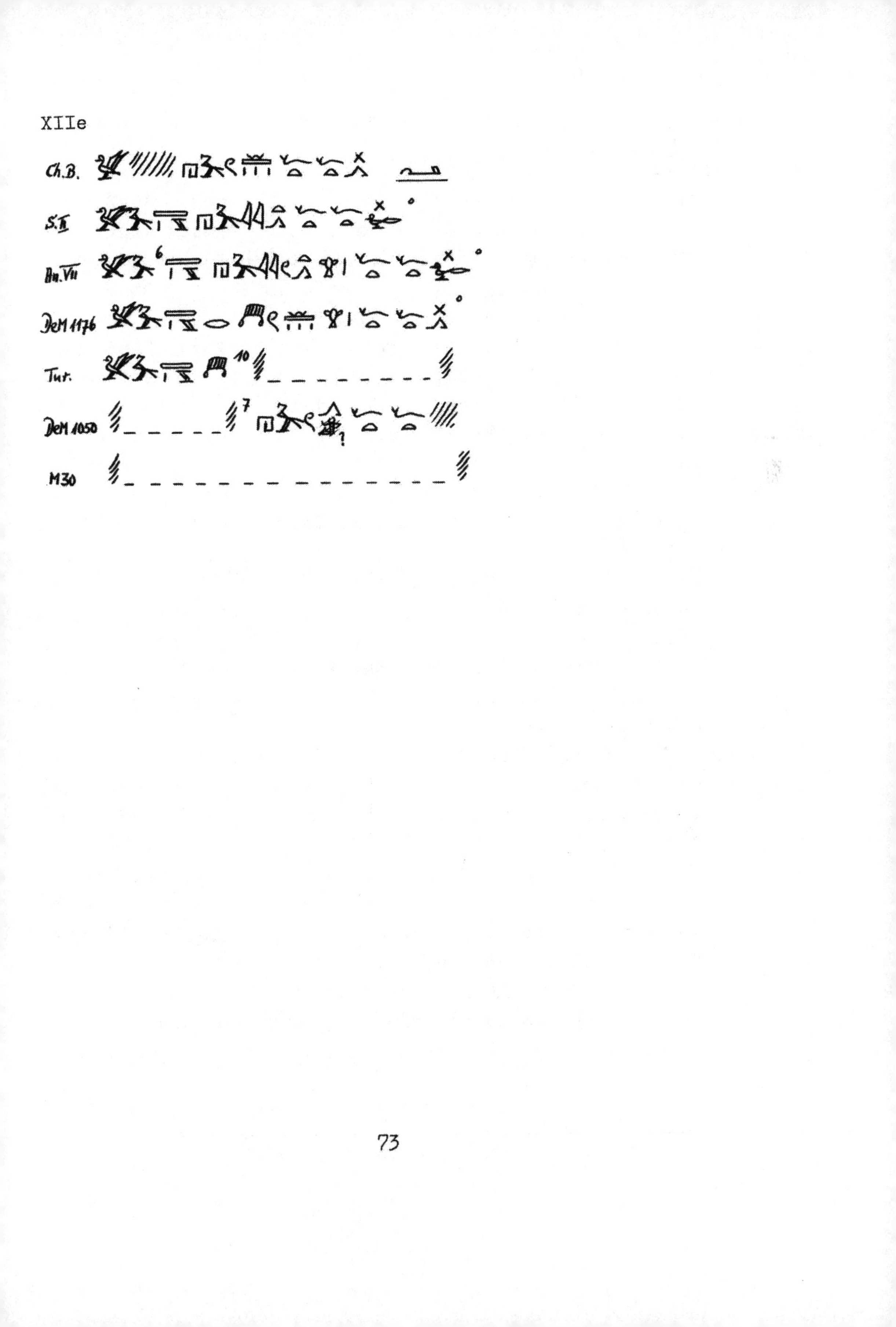

XIIe

Ch.B.

S.II

An.VII

DeM 1176

Tur.

DeM 1050

M30

12. Abschnitt

Zum Text:

a. Da GČ 94,3 als guter Text [wbn].k schreibt, dürfte die 2. Person gegenüber der 3. in Chester Beatty und in DeM 1176 den Vorzug erhalten. Auch ist die folgende Präposition mit GČ 94,3 als ḫr gegen r in DeM 1176 bzw. m in Chester Beatty, Sall.II und An.VII anzusetzen. ḥqr ist in Sall.II und An.VII zu ḥqꜣ "Herrscher" verhört worden. Gegen den besten Text GČ 94,3 ist mit allen anderen Belegen śꜣw "sich sättigen" und nicht śśꜣw zu lesen. Für das Satzende ergibt sich aus DeM 1050, daß wohl gelesen werden muß: m jnw nfrw n šꜣ "mit allen guten Gaben der Marschen", wobei die einzelnen Quellen entweder "nfrw" oder "n šꜣ" ausgelassen haben. Der beste Text, GČ 94,3, endet hier.

b. Mit DeM 1176 und Chester Beatty ist "Krug" einzusetzen; auch hat DeM 1176 allein "m rꜣ" "am Mund" erhalten. Pap. Turin hat allein šrj.t "Nase" bewahrt, das in DeM 1176 zu ršw.t "Freude" verhört, in Chester Beatty, Sall.II und An.VII zu šrj "klein" mißverstanden worden ist.

c. Ursprüngliches, in Chester Beatty und DeM 1176 erhaltenes ṯtf wurde in Sall.II und An.VII zu ṯs verderbt. Das überall geschriebene m-ᶜ ẖrdw ist aus mẖrw "Niederland" entstanden.

d. Pap. Tur. schreibt , DeM 1176, Chester Beatty, Sall.II und An.VII . Wie in b ḥnw geschrieben wird, so wird hier ḥnj () "sich niederlassen" zugrunde liegen.

e. Nach DeM 1176 und Pap. Turin ist r ꜣw zu lesen, was die anderen Quellen zu hꜣw bzw. hꜣjj.t verhört haben. – Am Satzende ist mit DeM 1176 und An.VII ḥr ftft zu lesen.

Wahrscheinlicher Urtext:

Übersetzung:

"Wenn du bei der Stadt des Hungers steigst, dann sättigen sie sich mit den guten Gaben des Feldes, den Krug am Mund und Lotosblumen an der Nase, da alles auf Erden in Überfluß vorhanden ist und jedes Kraut auf dem Niederland (wächst). Da hat der Essende ihn[a)] vergessen, weil sich das Glück im Stadtviertel niedergelassen hat und diese ganze Welt hüpft."

a) Gemeint ist der Hunger.

XIIIa

Ch.B. 11

S.II 7

An.VII

DeM 1176

Tur.

DeM 1050

M30 8

XIIIb

Ch.B.

S.II

An.VII 7

DeM 1176

Tur. IV,1

DeM 1050

M30

XIIIc

Ch.B. 12

S.II 8

An.VII sic 8

DeM 1176 22

Tur. 2

DeM 1050 10

M30 9

XIIId

Ch.B. 2

S.II 2

An.VII

DeM 1176

Tur.

DeM 1050 11

M30 9

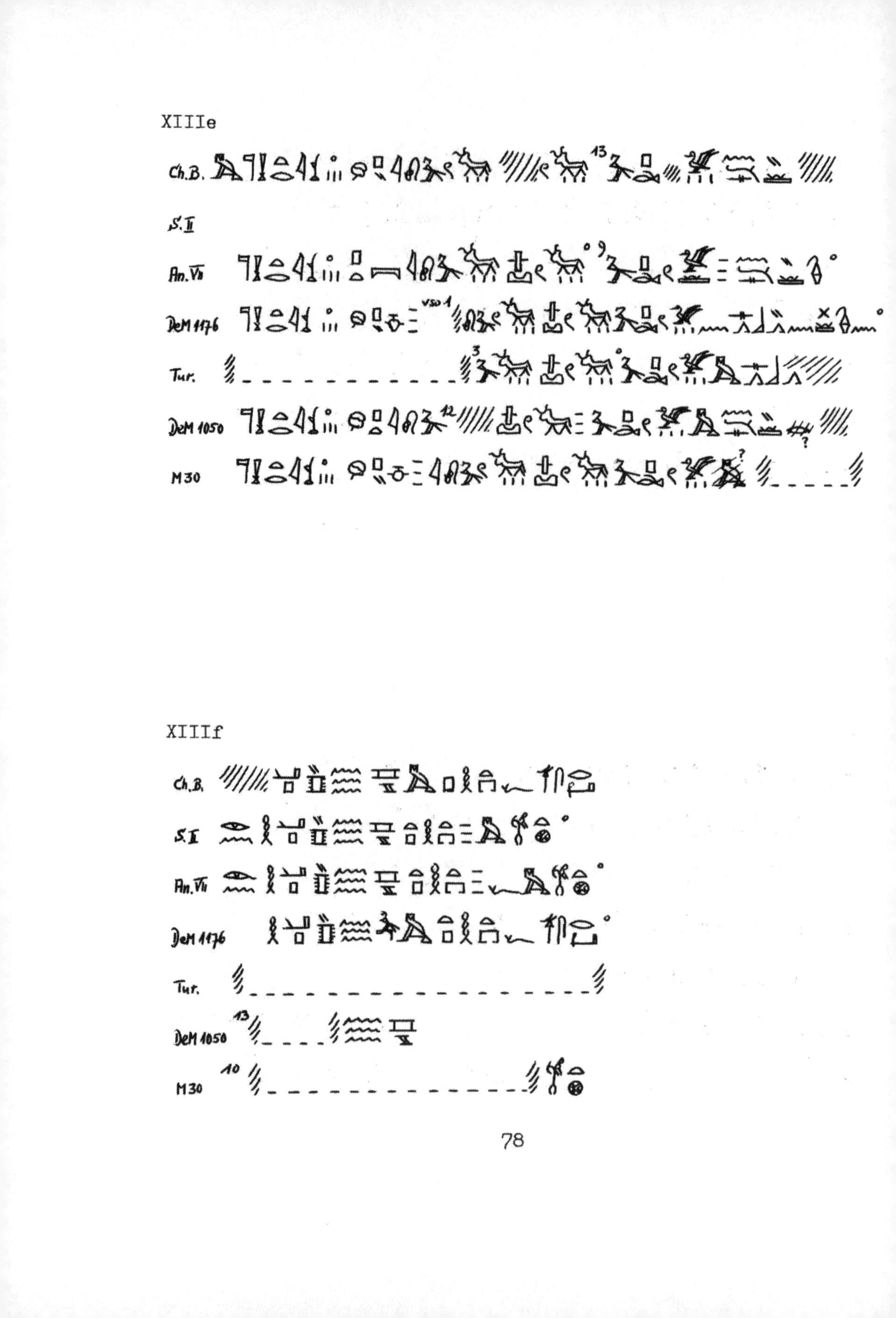

XIIIe

Ch.B.

S.II

An.VII

DeM 1176

Tur.

DeM 1050

M30

XIIIf

Ch.B.

S.II

An.VII

DeM 1176

Tur.

DeM 1050

M30

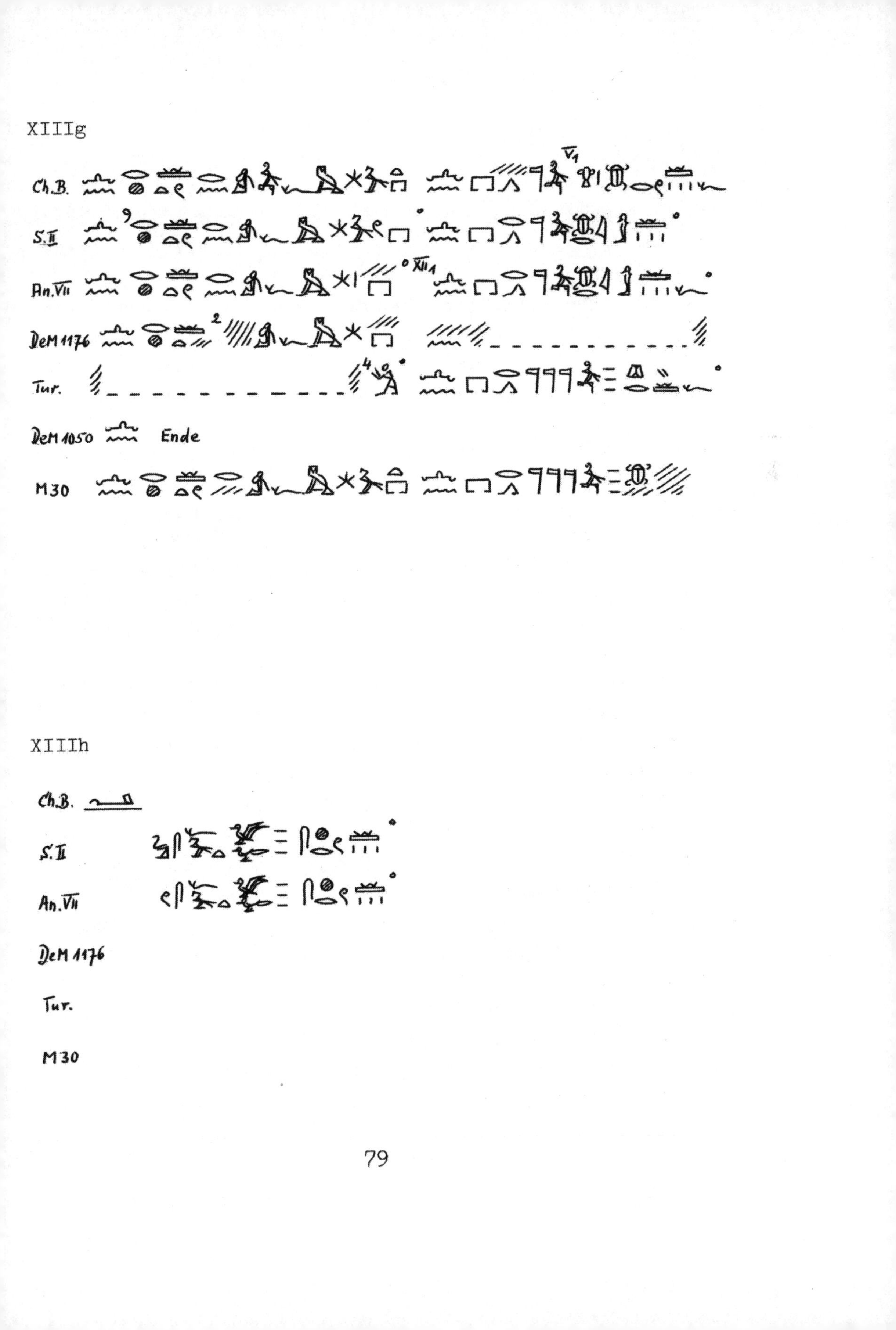

XIIIg

Ch.B.

S.II

An.VII

DeM 1176

Tur.

DeM 1050 Ende

M30

XIIIh

Ch.B.

S.II

An.VII

DeM 1176

Tur.

M30

13. Abschnitt

Zum Text:

a. Gegen DeM 1176 ist wohl n.k statt n.f ursprünglich.

b. In DeM 1050 ist sꜣ.k Versehen für n.k. DeM 1176 hat anstelle von wšꜣ fehlerhaft wšꜣm geschrieben.

c. DeM 1050 und Sall.II setzen hinter nfr als Determinativ , denken also an das Wb II 262,1 aufgeführte Wort für "Feuer", das nach dem Wb aber nur neuägyptisch belegbar ist. Jedoch könnte es älter und damit auch hier für den Urtext anzusetzen sein.

d. Chester Beatty hat sekundär m jr.t anstelle von mj jrw n.

e. Auslassung in Sall.II. - In An.VII ist tp zu p.t verändert. - DeM 1176 und Pap. Turin haben das ursprüngliche erhalten; die anderen Quellen verhörten es in nś "Flamme". - Das , das in DeM 1176 vor dem Verspunkt steht, dürfte als Überleitung zu XIIIf zu stellen sein.

f. Diese Überleitung ist in Sall.II und An.VII durch verdeutlicht worden. Diese beiden Texte und M 30 haben das wśr von DeM 1176 und Chester Beatty zu wꜣś.t umgedeutet; aber auch wśr scheint mir wenig Sinn zu geben, so daß es ebenfalls als verderbt betrachtet werden muß. Möglicherweise steht dahinter ein rśj.t "südlich"; dann aber müßten wir folgende Stufen annehmen: rśj.t > wśr.t > wśr > wꜣś.t.

g. Die vor ḫprw.f fehlende Präposition könnte mit Chester Beatty "ḥr" gelautet haben. Pap. Turin verhörte ḫprw.f zu ẖrj.f.

h. Der Zusatz wsf śḫrw in Sall.II und An.VII dürfte bedeuten: "Es ist etwas vernachlässigt", d.h. "weggelassen". Es ist dies eine Randglosse einer Vorlage, die hier allerdings an falscher Stelle in den Text gerückt worden ist, da die Auslassung erst in XIV c–e auftritt.

<u>Wahrscheinlicher Urtext</u>:

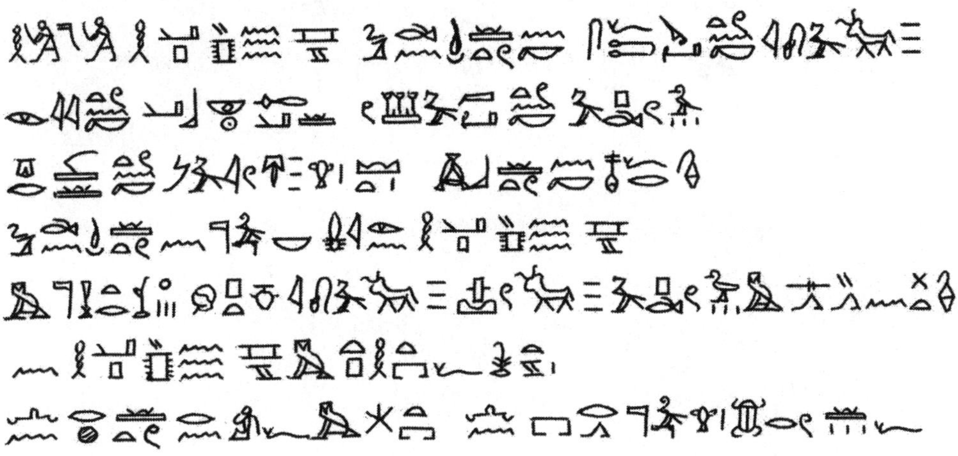

<u>Übersetzung</u>:

"Wenn die Überschwemmung überfließt, dann opfert man dir, schlachtet dir Rinder und macht dir ein großes Opfer. Man mästet dir Vögel, bereitet dir Gazellen auf der Wüste und richtet dir das Opferfeuer (?). Man opfert jedem Gott so, wie es dem Nil getan wird: Weihrauch, Feinöl, Langhornrinder und Kurzhornrinder sowie Vögel für das Brandopfer für den Nil in seiner südlichen (?) Höhle, dessen Namen keiner in der Unterwelt kennen und in dessen Gestalt kein Gott je erscheinen kann."

XIVa

Ch.B.

S.II

An.VII

DeM 1176

Tur.

M30

XIVb

Ch.B.

S.II

An.VII

DeM 1176

Tur.

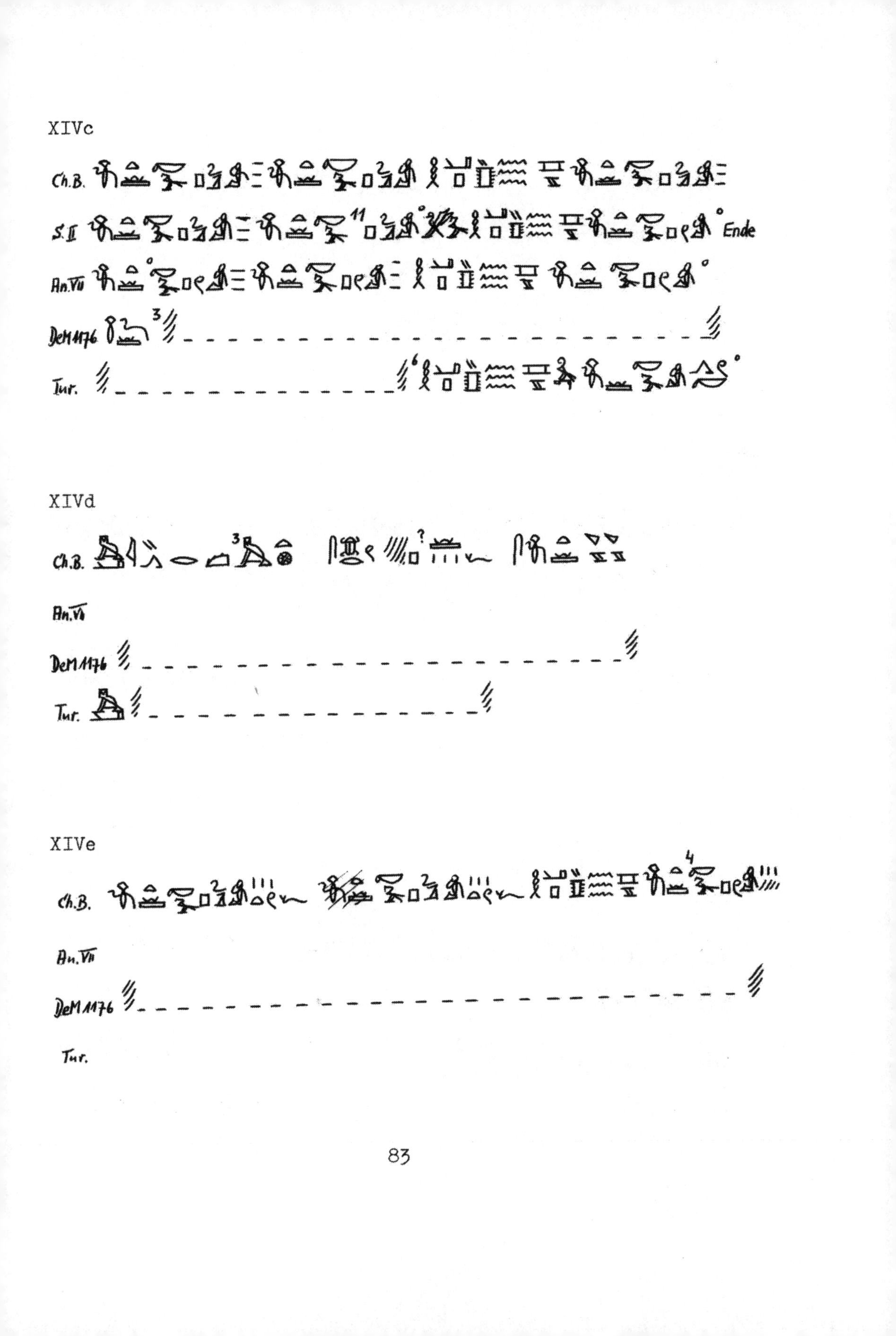

XIVc

Ch.B.

S.II ... Ende

An.VII

DeM 1176

Tur.

XIVd

Ch.B.

An.VII

DeM 1176

Tur.

XIVe

Ch.B.

An.VII

DeM 1176

Tur.

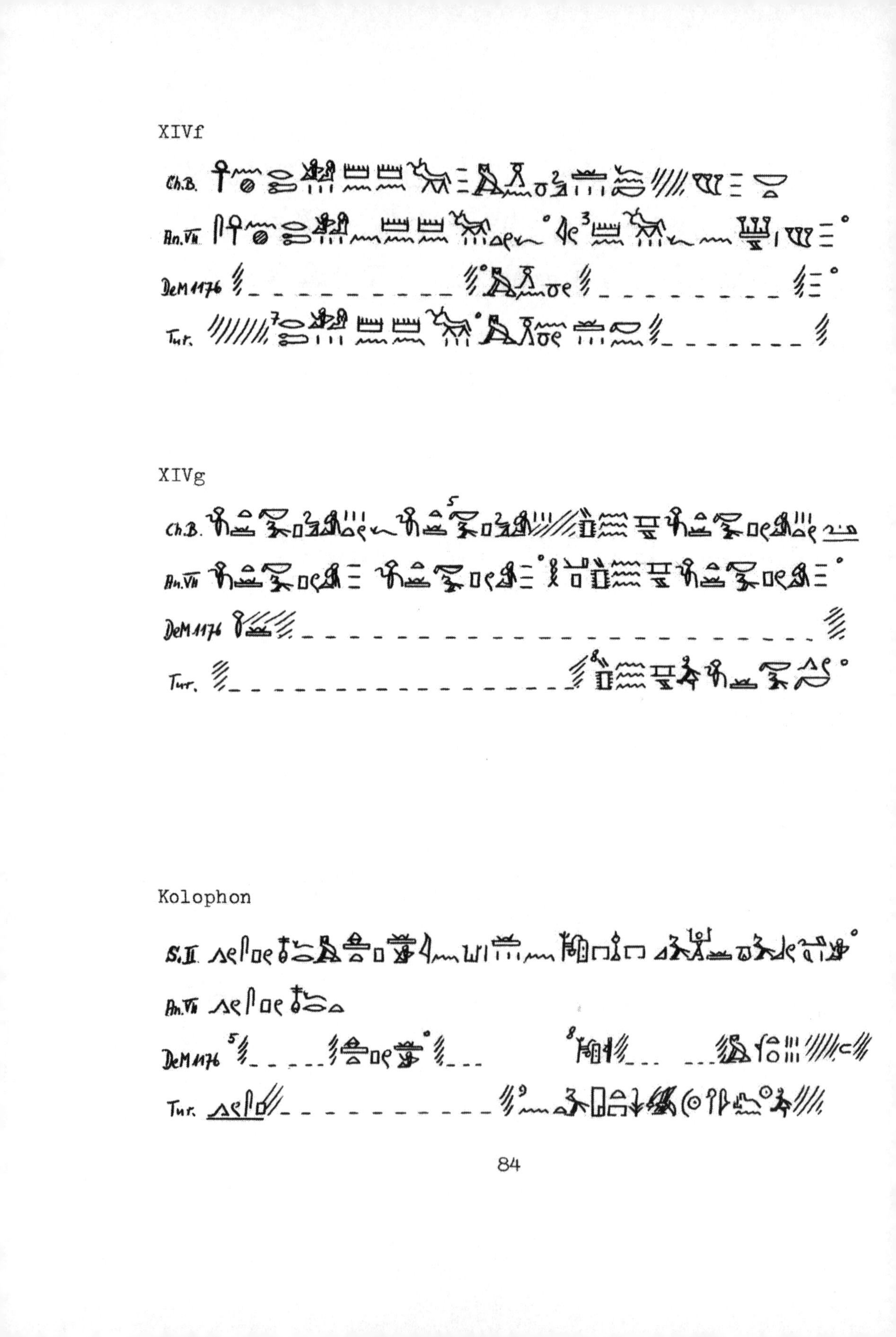

XIVf

Ch.B.

An.VII

DeM 1176

Tur.

XIVg

Ch.B.

An.VII

DeM 1176

Tur.

Kolophon

S.II

An.VII

DeM 1176

Tur.

14. Abschnitt

Zum Text:

a. pśḏ.t (in Chester Beatty erhalten) ist in Sall.II sowie in An.VII in ḫr verlesen worden.

b. Lies mit Chester Beatty und DeM 1176 śwꜣḏ. - Im Ostrakon DeM 1176 fehlerhaft irr n.f statt ir.n.

c. ist zu verbessern in und als wḏꜣ.tj zu lesen, als exklamatorisches Pseudopartizip (Gardiner, Eg. Grammar § 313). ist orthographisch richtiger als "Verborgener" zu schreiben.

d. Die Auslassung in An.VII ist dadurch zustande gekommen, daß der Satz XIVc dem von XIVe entspricht. Auch in Tur. scheint eine Textkürzung vorgelegen zu haben. - Die Ergänzung śḫprw hpw.f ist nicht sicher.

e. Der Text ist wohl wie folgt herzustellen:

Übersetzung:

"Die ihr nicht die Neunheit preist, fürchtet euch vor der Macht, die sein Sohn, der Allherr, ausübt, der die beiden Länder gedeihen läßt.a) Auf,b) Verborgener! Auf, Verborgener! Nil, auf, Verborgener! Komm nach Ägypten, da du der bist, der seine Gesetze entstehen und die beiden Länder gedeihen läßt. Auf, Verborgener! Auf, Verborgener! Nil, auf, Verborgener! Der du Menschen und Tiere mit deinen Gaben des Feldes am Leben erhältst, auf, Verborgener! Auf, Verborgener! Nil, auf, Verborgener!"

a) Zu Beginn des M.R. üblicher Hinweis auf den Herrscher.
b) wörtl.: "mögest du aufbrechen".

Zur Textentwicklung

Vom Nilhymnus besitzen wir keinen einzigen Zeugen vor der 19. Dynastie, sondern nur solche aus der Ramessidenzeit, die in der Hauptsache Schülerniederschriften sind. Auch die drei Papyri: Chester Beatty, Sall.II und An. VII sowie die Turiner Fragmente sind als solche anzusehen, d.h. sie sind aus dem Gedächtnis niedergeschrieben und nicht abgeschrieben worden. Dadurch verstehen sich auch die zahlreichen Verhörungen und Fehlauffassungen von Worten und Satzteilen sowie die individuellen Fehler, die auf Fehlerinnerung und auch auf Ersatz vergessener Worte durch ad hoc eingefügte zurückgehen. Außerdem ergibt sich aus dieser Tatsache, daß die Texte nicht unmittelbar von einander abhängen können, sondern sie gehen auf uns nicht erhaltene Vorlagen zurück, aus denen gelernt worden ist. Wie gut oder wie schlecht die Vorlagen waren, läßt sich noch z.T. erkennen, wenn mehrere Zeugen die gleichen Fehler zeigen, sodaß sie keine Individualfehler sein können. Dabei lassen sich zwei Hauptvorlagen erkennen, A und B, wobei von A GČ 94,3, Gol., Louvre, sowie Wilson abhängen, während alle anderen Quellen auf B zurückgehen. Die Abschriften, die die Vorlage B tradiert haben, sind stärkerer Verderbnis ausgesetzt gewesen als die von A, wobei die einzelnen Stufen noch erkennbar scheinen: So geht DeM 1050 (wegen Xc) auf den Strang B noch in seiner besten Gestalt zurück. Dann folgt DeM 1176, dessen Textgestalt z.T. noch enge Verbindungen mit A aufweist (e.g. IId, e, IIIb, IVd), aber schon charakteristische Veränderungen von B (e.g. IIf,g, IIIa). Dazu kommen Individualfehler (e. g. Va, VIa,c, X d; Xb ein Abirren an eine frühere Textstelle, kommt zufällig in Sall.II, An.VII wieder vor). DeM 1191 gehört zur gleichen Gruppe, zeigt aber noch einen besseren Text als DeM 1176 (vgl. IId). Eine spätere Stufe der Entwicklung des Stranges B zeigt Chester Beatty an; ihm können wir ferner die Ostraka DeM 1024, 1027, 1051, 1190 und 1193 zurechnen, die z.T. deutlich zwischen Chester Beatty und DeM 1176 stehen, indem sie einmal mit dieser, ein andermal mit jener Quelle zusammengehen (z.B. DeM 1190 in IV a und e mit Chester Beatty gegen DeM 1176, in VId mit DeM 1176 gegen Chester Beatty). Auch DeM 1034 steht zwischen diesen beiden Hauptquellen, ohne jedoch zu der ebengenannten Gruppe von Ostraka zu gehören. Sall.II und An.VII sind zusammen mit DeM 1052 ebenfalls als eigene Gruppe anzusehen, wobei deutlich ist, daß An.VII nicht unmittelbar von Sall.II abhängt. Der Turiner Papyrus sowie DeM 1192 mit GČ 113,4 stehen Chester Beatty näher, gehören aber nicht zu der angeführten Zwischengruppe. Hieraus ergibt sich ungefähr folgender Stammbaum:

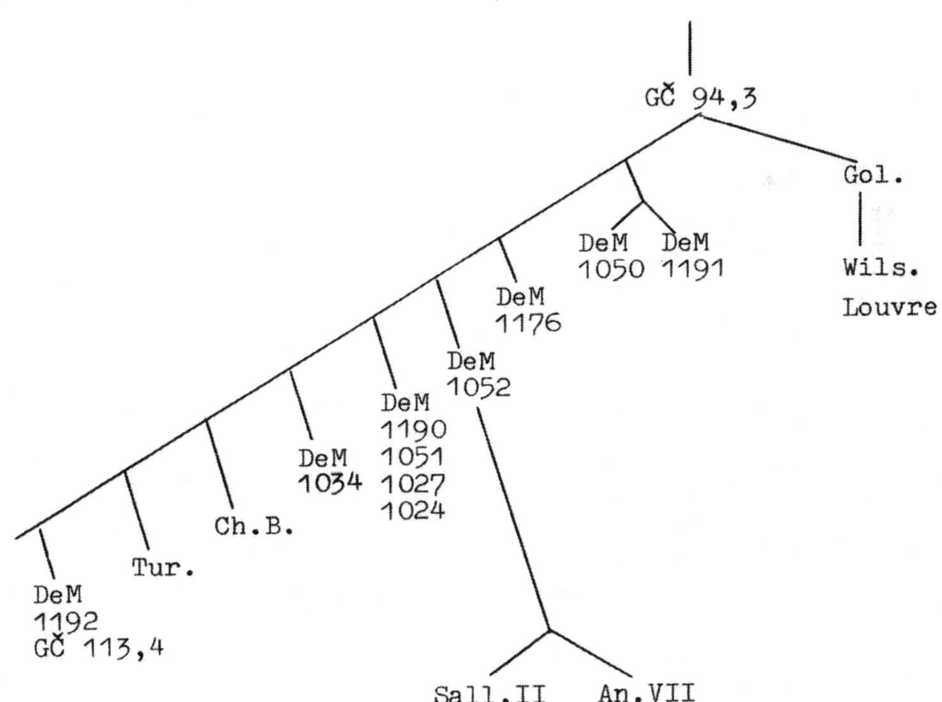

Zeitfracht Medien GmbH
Ferdinand-Jühlke-Straße 7
99095 Erfurt, Deutschland
produktsicherheit@kolibri360.de